ERFOLGREICH AUSWANDERN

Mein Weg nach Nordschweden – Ein umfassendes Buch über das Auswandern

---

Das richtige Land finden, Planung, Know-how, Integration u. v. m.

Thomas Gast

ERFOLGREICH AUSWANDERN

Mein Weg nach Nordschweden – Ein umfassendes Buch über das Auswandern

Das richtige Land finden, Planung, Know-how, Integration u. v. m.

EULOGIA
VERLAG

Inhaltsverzeichnis

Vorwort. Vorgeschichte. Hintergründe

Von hundert deutschen Familien, die nach Nordschweden auswandern, schaffen es gerade einmal zwanzig, sich dort zu etablieren. Zu hart sind die Winter, zu romantisch und verklärend falsch interpretiert das Schwedenmärchen. Für uns war das Auswandern keinesfalls eine Gratwanderung zwischen Mut und Wahnsinn, sondern der einzig logische Schritt in die richtige Richtung. Man sei jedoch gewarnt. Das Leben hier ist Competition. Friss oder stirb. Knallhart. In vielen Bereichen. Der aufmerksame Leser wird feststellen, dass ich Schweden in den allerhöchsten Tönen lobe. Warum, das ist einfach erklärt. Ich liebe dieses Land mittlerweile. Das Freiheitsgefühl überwiegt alle möglichen Nachteile, Competition hin, „Friss oder stirb" her. Neben aller Liebe werde ich Kritik dort anbringen, wo es mir notwendig scheint. Das nenne ich Fairness. Und ja, es gibt so einiges zu bemängeln. Sehr wichtig scheint mir, dass der Leser versteht, dass dieses Buch nicht etwa ein Versuch ist, irgendjemanden dazu zu bewegen, Deutschland zu verlassen. Fern liegt mir die Idee, zu ermuntern oder abzuschrecken. Vielmehr möchte ich eigene Erfahrungen – *positive wie auch negative* – zum Thema *Auswandern nach Schweden* kundtun.

Wie ihr meinem Lebenslauf entnehmen könnt, bin ich weder Jurist noch Finanzberater. Meine Kernkompetenzen liegen woanders. Die einen nennen mich Abenteurer, andere sehen in mir den Männercoach. Sicher aber bin ich ein Beobachter des Lebens. Ein in die Jahre gekommener, lang gedienter Soldat. Und ich bin Vater, was diesem Buch eine besondere Note verpasst. Ich erzähle und berichte von dem, was ich gesehen und erlebt habe. Jedoch erheben meine Erzählungen, wenn es an Zahlen oder interne administrative Abläufe in Schweden geht, keinen Anspruch auf Richtigkeit und Vollständigkeit. Sie dienen lediglich der Orientierung. In diesem Sinn ist das vorliegende Manuskript in allererster Linie ein Erlebnis- oder Erfahrungsbericht. Und natürlich ist es ein Ratgeber, aber bitte genau in dieser Reihenfolge. Man genieße das Buch also mit einer Prise ernsthafter Vorsicht und am besten bei einer Tasse Kaffee.

Wir liebten das Leben, den Sommer in Schweden,
die Welt hing an Fäden und alles war leicht. ***Revolverheld.***

Goodbye Deutschland, wir sind dann mal weg!

Hallo Freunde, grüß Gott, Pioniere. In diesem Buch geht es um eine deutsche Familie, die nach Schweden ausgewandert ist. Um meine Familie. Wir haben diese Auswanderung zu neunzig Prozent erfolgreich gemeistert, noch bestehende Schwierigkeiten oder Probleme werden demnächst aus dem Weg geräumt. Das hört sich einfach an, war es aber nicht. Der Weg des Auswanderns nach Schweden gleicht nicht selten einer langen und entbehrungsreichen Durststrecke. Wie man es dennoch schafft, wo im Einzelnen diverse Probleme lauern und wie ihr bestimmte Dinge besser meistern könnt als wir, das erfahrt ihr in diesem Buch. Um aber von Anfang an alle Missverständnisse aus dem Weg zu räumen, kann ich nicht oft genug betonen, dass Schweden nicht gleich Schweden ist. Fast alle Großstädte Schwedens wie etwa Stockholm, Malmö, Göteborg, Uppsala und ihre Vororte sowie auch der Löwenanteil von dem, was man trivial Wohlstand nennt, befinden sich im Süden des Landes. Dort herrscht ein eher gemäßigtes Klima. Nun ja, zumindest, was das Wetter angeht. Vom Gemüt der Menschen her könnte man sich mit etwas Fantasie in Deutschland wähnen. Auch die Lebensweise ähnelt stark der unseren. Wer in irgendeinem Beruf oder in mehreren Domänen qualifiziert ist und Unterkunft und Arbeit sucht, wird im Süden des Landes sicher schnell fündig. Doch wie fast überall auf dieser Welt generiert Wohlstand auch eine überaus hohe kriminelle Energie. Dieses Phänomen führt auch in Südschweden dazu, dass hier oftmals Bandenkriminalität statt Bullerbü-Ambiente vorherrscht. Von diesem Schweden ist hier im Buch jedoch nicht die Rede. Unsere Erlebnisse und die daraus resultierenden Tipps und Ratschläge für euch beziehen sich hauptsächlich auf den Norden des Landes (Norrland), auf Norrbotten, Jämtland, Västernorrland und Västerbotten. Dort, im südlichen Teil Nordschwedens, ticken die Uhren anders.

Schwedens Sonderweg

Den Hauptgrund, warum wir Deutschland im September des Jahres 2021 und ohne Bedauern oder gar einen Blick zurück verließen, möchte ich euch nicht verheimlichen. Es war Schwedens Sonderweg in der Charlie-Sache.

> **Anmerkung des Autors:** Es ist mir ein wichtiges Anliegen, gewisse Dinge nicht beim Namen zu nennen. Und sei es nur aus dem Grund, ihnen Aufmerksamkeit und Wichtigkeit, die ihnen nicht gebühren, wie Wind aus den Segeln zu nehmen. Meine humorvoll, ironisch gewählten Begriffe *Charlie-Sache, Mikrobenoutbreak* oder *Mikrobensache* möchten diese meiner Meinung nach durchaus kriminellen, plötzlich aufgetauchten und teils menschenverachtenden Phänomene wie auch die Personen, die sich dieses Narrativ für fragwürdige Zwecke zu eigen machen, durchaus verspotten. Danke für euer Verständnis.

Kaum verzerrt vom Nebel der Angst, war unsere Sicht, was dieses Thema anging, von Anfang an sehr klar. Das seelische Wohl und die körperliche Unversehrtheit unserer Kinder war unser ureigenstes Ansinnen. Wir als Eltern – und nicht irgendwelche Politiker an unserer Stelle – wollten selbstbestimmt und in eigener Verantwortung entscheiden, was ihnen guttat und was nicht.

Es ist an der Zeit, euch unsere kleine Familie vorzustellen. Wir, das sind Jophiel (4), Emmylou (6), Helena (11), Jan (15), meine Frau Diana (49) und ich. Na ja, da wäre noch Bailey, ein von einem roten Volvo auf einer schneeweißen, mit Eiskristallen überzogenen Landstraße und bei stockdunkler Nacht überfahrenem, totgeglaubten, jedoch wieder auferstandenen Malteser. Und natürlich Ruby, unsere treue Grönlandhündin, die auch schon ihre Grenzerfahrungen mit dem Jenseits hatte, es aber vorzog, wieder am irdischen Leben teilzunehmen. Auf beide Vorfälle komme ich noch zu sprechen.

Jan und Helena taten sich von Anfang an schwer, Masken zu tragen. *Wir ersticken,* klagten sie ständig. *Wir wollen das nicht, das muss aufhören!* Helena, mehr noch als die anderen, vergoss tagtäglich ein Meer von Tränen ob dieser Willkür. Auch Diana hatte mit der Maske so ihre Probleme. Außerhalb der vier Wände trug sie selbst im Supermarkt nur einen Schal, der Nase und Mund kaum verbarg, was andere Menschen natürlich sofort empört zur Kenntnis nahmen, sie dafür rügten, sie öffentlich und lautstark maßregelten, ihr ostentativ aus dem Weg gingen.

Paria. Misfits. No-Go. Nicht gesellschaftsfähig, hieß es in ihren Blicken!

Das führte dazu, dass Diana das Haus kaum mehr verließ. Unsere Wohnräume waren ihr hübsch dekoriertes Gefängnis, aber abseits von Schafen, Jasagern und Kopfnickern lebte es sich hier gar nicht mal so schlecht, fand sie. Derselben Meinung war ich auch. Mir waren inzwischen alle Menschen suspekt. Ob unserer alternativen Denkweise und eindeutig abweichend vom Pfad, den die Massenmedien vorzeichneten, fühlten wir uns beobachtet. In der Tat kristallisierte sich während dieser Zeit eine schreckliche Realität aus dem Dunst der Angst und der Ungewissheit heraus. Die des Denunziantentums. Die Krise sorgte dafür, dass immer mehr Menschen diejenigen, die tatsächlich oder *angeblich* gegen irgendwelche Regeln verstießen, denunzierten. In einigen Städten gab es gar spezielle Apps, mit denen Verstöße gegen die Verordnungen via Online-Formular gemeldet werden konnten. Hier zeigte sich für mich der Mensch mit seinem wahren Gesicht, oder sollte ich sagen: mit seiner wahren abscheulichen Maske? Natürlich weiß ich, dass nicht alle Menschen so tickten und dass es sehr viele gab, die solche krankhaften Zwänge und Verhaltensweisen ebenfalls anwiderten. Aber immerhin waren es schon ganz schön viele, die da einfach munter mitmachten.

Ein Moment hat sich ganz besonders in meinem Kopf verewigt. An einem wunderschönen Samstagmorgen, ganz zu Beginn dieses sonderbaren *Mikrobenoutbreaks* verließ ich unser Haus. Ich wollte zur nahen Apotheke, ein Rezept abholen. Auf dem Trottoir gegenüber kam mir eine Chinesin entgegen. Sie wohnte schon länger in der Stadt. Jeder kannte und achtete sie. Dennoch bemerkte ich, wie die Menschen den Gehsteig schon von Weitem wechselten, um ihr ostentativ aus dem Weg zu gehen. Sie grüßten sie nicht mal oder nur sehr scheinheilig. Selbst ein Gruß aus der Ferne könnte ja ansteckend sein.

Verlogene, scheinheilige Bande, dachte ich jedes Mal!

Dazu möchte ich betonen, dass die Brutstätte von diesem unsichtbaren Virus laut Medienberichten im chinesischen Wuhan liegen sollte. Trotzdem. Diese offen an den Tag gelegte Segregation empört mich heute noch. Mehr jedenfalls, als ich hier beschreiben kann.

Stiefsohn Jan, den ich in diesen Tagen einmal zum Bankautomaten in der örtlichen Sparkassenfiliale schickte, um etwas Geld abzuheben, fand hie und da einige Worte, die zu unserer allgemeinen Belustigung beitrugen. Von der Bank zurück, sagte er:

Wenn du vor einem Jahr mit Maske in eine Bank gegangen bist, haben die Angestellten sofort den roten Knopf gedruckt. In Minutenschnelle rückten Sondereinsatzkommandos der Polizei und das GSG-9 an und man nahm dich fest. Betrittst du heute dieselbe Bank ohne Maske, geschieht das Gleiche.

Wir lachten herzlich und laut, aber er hatte es mit seinem kindlichen Humor voll auf den Punkt gebracht. So weit waren wir inzwischen.

Anfang des Jahres 2021 sprach man ganz offen auch von einer eventuellen Impfpflicht. Nicht nur von einer einrichtungsbezogenen Impfpflicht etwa für Mitarbeiter im Gesundheitswesen, sondern für alle. Eine indirekte Impfpflicht, was die 2G-Regel gefühlsmäßig ja auch war, hatte sich längst etabliert. Das Schlimme an der Sache war, dass gefühltermaßen auch hierbei fast alle Menschen, die wir kannten, mitmachten. Wir jedenfalls waren uns in zwei Punkten damals schon einig.

- Komme, was wolle, wir Erwachsenen lassen uns nicht impfen.
- Wir Eltern lassen auch niemals zu, dass man unsere Kinder pikst.

Beides stand ganz außer Frage. Wattestäbchen bis hoch ins Kleinhirn? Darauf hatten unsere Kids keine Lust. Das sagten sie uns auch jeden Tag mit klar verständlichen Worten. Unsere vorsorgliche Attitude ging so weit, dass wir die Kinder von der Schule nahmen. Ganz im Gegenteil zu anderen Eltern geschah dies aber nicht, weil wir für sie (oder für andere Kinder) ein Risiko sahen, sie könnten sich infizieren. Nein. Wir ließen sie aus weiter oben genannten Gründen daheim. Sie sollten nicht Opfer von Mobbing werden, hatte sich doch längst herumgesprochen, wir seien Querdenker, Realitätsverweigerer oder gar Verschwörungstheoretiker. Auch wollten wir den Kids dadurch sagen: Wir verstehen euch! Sie waren es, die tatsächlich litten. Sollten sie einer Generation Kinder angehören, die mit Maske aufwuchsen?

Nein und dreimal nein!

Auch hatten wir zu diesem Zeitpunkt das Vertrauen zu Ärzten und zu den meisten Lehrkräften verloren. Ich gestehe, dass da zunächst etwas Verzweiflung und Ratlosigkeit bei uns herrschte, denn immerhin gab es die Schulpflicht. Bei Nichteinhalten derselben drohten saftige Bußgelder. Das hielt uns aber nicht davon ab, unsren eigenen Weg in eigener Verantwortung zu gehen. Dass wir nicht allein dastanden, nahmen wir frohen Mutes zur Kenntnis. Es tat sich etwas in unsrem Umfeld. So hörten wir von Gruppen, die es sich zum Ziel setzten, Kindern auch ohne Schule Wissen zu vermitteln. Besorgte Mütter und Väter taten sich rasch zusammen. Man kann durchaus sagen, dass hier eine Art Revolution Anlauf nahm.

*

Eine Frage steht im Raum. Warum Nordschweden und nicht Thailand, Paraguay, Ungarn oder Südfrankreich? Nun, neben Schwedens Sonderweg in der Charlie-Sache gab es noch andere Gründe, sich genau dieses Land als neue Heimat auszuwählen. Hier in Nordschweden leben die Menschen in einem Kulturkreis, mit dem auch wir uns sehr stark identifizieren. Er kommt dem deutschen Kulturkreis sehr nahe. Besonders abseits der Großstädte, also weit weg vom Einfluss bestimmter Clans und Banden, sind die Menschen – obwohl sehr zurückhaltend – freundlich, gelassen und hilfsbereit. Gleichzeitig ist die Region, in der wir uns niedergelassen haben, weit entfernt von dem Gebiet, das ich gerne *kritisches Zentraleuropa* nenne. Damit meine ich: weg von Deutschland. Warum kritisch? Auch das möchte ich gerne näher erklären. Wir leben in einer Welt, die sehr spannend ist. Diese verrückte Mikrobensache war im September 2021 noch nicht vom Tisch. Im Gegenteil. Die Menschen lebten in ständiger Angst. Es herrschte Unklarheit. Im Osten Europas – das wusste ich als alter Soldat – spitzte sich die Lage zwischen Russland und der Ukraine seit 2014 dramatisch zu. Die Ereignisse im Februar 2022 (russischer Angriff) bestätigten meine dunklen Vorahnungen im Nachhinein. Und ich wusste auch, dass, sollte die Lage total eskalieren, der Krieg sich mit voller Wucht im kritischen Zentraleuropa abspielen würde. Mit Deutschland als Zentrum. Randgebiete dieses Zentrums wären Polen, Tschechien, Ungarn, Österreich und Frankreich.

Schweden ist am 07.03.2024 offiziell der NATO beigetreten. Das war die letzte Meldung, die über meinen Schreibtisch flatterte, bevor ich den Schreibprozess für das Buch beendete. Ich bedaure Schwedens NATO-Beitritt aus mehreren Gründen. Seit über 200 Jahren war Schweden nicht in bewaffnete Konflikte verwickelt. Selbst wenn das Land nun im Bündnis ist, würde sich daran bestenfalls nichts ändern, denn allen Unkenrufen zum Trotz sehe ich keine direkte Bedrohung für Land und Leute. Die These, Russland würde ein NATO-Land angreifen, ist absurd. Sie dient meiner Einschätzung nach dazu, Angst zu verbreiten und Länder wie Schweden in die fordernden Arme einer höchst zweifelhaften Organisation zu treiben. Vor dem Beitritt war Schweden nicht nur neutral (abstinent von allen Kriegen seit 1809), sondern auch unabhängig. Einem Bündnis wie der NATO anzugehören, kommt meines Erachtens der Aufgabe der eigenen absoluten Souveränität gleich. Zu Beginn des Jahres 2022 forderte Schwedens Linke eine Volksabstimmung. Wie es bereits im November 1994 der Fall war. Damals wurden die Bürger gefragt, ob sie für einen Beitritt Schwedens in die EU offen wären oder nicht. Die Mehrheit stimmte damals dafür und so wurde Schweden am 01. Januar 1995 in die Europäische Union aufgenommen. Was den Beitritt zur NATO anging, so forderte die Linkspartei wie auch die überaus aktive Friedensbewegung erneut eine Volksabstimmung. Bei der Majorität der Bürger schien das Misstrauen in die NATO groß:

„*Die NATO macht uns nicht sicherer, sie macht die Welt nicht sicherer*", sagte Kerstin Bergeå, Vorsitzende der Schwedischen Friedensgesellschaft, die den Beitritt Schwedens als historisch falsche Priorität verurteilte.[1]

Die anderen Parteien zogen aber nicht mit. Sie sahen nur die *russische Gefahr*. Zweihundert Jahre Bündnisfreiheit, besser gesagt zweihundert Jahre militärische Allianzfreiheit als Kern der Neutralitätspolitik Schwedens waren passé. Es scheint mir an dieser Stelle wichtig, darauf hinzuweisen, dass ich meine Meinung über ebendiese *russische Gefahr* später im Text noch einmal aus meiner Sicht darlege, da es nicht wenig Menschen gibt, die auf der einen Seite den Wunsch verspüren, nach Schweden in die bereits genannten Regionen Norrbotten, Jämtland, Västernorrland und Västerbotten auszuwandern, die aber auf der anderen Seite auch Zweifel darüber haben, ob sie sich dort auch heute noch in Sicherheit wägen können.

Thailand und Paraguay, um diese beiden Länder stellvertretend für andere zu nennen, gehörten nicht nur nicht zu unsrem Kulturkreis, es gab und gibt dort auch immer wieder heftige Unruhen. Dein Leben ist als Ausländer auch in den meisten afrikanischen Ländern keinen Pfifferling wert. Zum Beispiel wenn geputscht wird, was im Augenblick wieder sehr in Mode ist.

Oder wenn politisch-militärische Unruhen die Regierungen und gleichermaßen die Sicherheit dieser Länder auf den Prüfstand stellen. Gibt es blutige Revolten, dann kümmern sich Staat und Leute zuallererst um Menschen aus ihrem eigenen Kulturkreis. Um Menschen, die

---

1 https://www.euractiv.de/section/europa-kompakt/news/nato-beitritt-schwedens-friedensorganisation-und-linke-kritisieren-fortschritte/

aussehen wie sie. Um diejenigen, die möglicherweise dieselbe Gesinnung haben wie sie. Um jene, die die gleiche Sprache sprechen. Das alles habe ich einige Male selbst erlebt. Man könnte nun damit argumentieren, dass ein Mittagessen in Thailand oder Paraguay nur drei Euro kostet. Stimmt! Ich aber zahle lieber zwanzig Euro und genieße das Essen in absoluter Sicherheit und mit Menschen aus meinem Kulturkreis. Ich habe ganz einfach zu viele Pferde kotzen sehen. Habe gesehen, wie in einigen Ländern Afrikas innerhalb von Minuten die Stimmung von *Herzlich willkommen* hin zu *Verschwinde oder wir ritzen dich* gekippt ist. Aus dem Alter, Spielchen zu spielen oder nachts vor dem Zubettgehen nachzuschauen, ob auch wirklich alle Türen verschlossen sind und ob die Shotgun unterm Bett auch geladen ist, bin ich raus.

Dass Schwedisch einfacher und schneller zu lernen ist als Thai oder Suaheli, brauche ich euch nicht zu erzählen. Ich war in Afrika. Und ich war in Thailand. Ich habe Freunde in Paraguay, in Frankreich, in Russland, in Neuseeland und anderswo auf der Welt. Ich bin bestens vernetzt.

Die Schwedenidee kam eigentlich von Babette, einer Freundin meiner Frau. Diana bat mich, dringendst darüber nachzudenken. Und sie erzählte mir mit blassem Gesicht von ihren Ängsten. Ihre bewegenden Worte waren ein sehr eindringliches Signal an mich. Die Idee einmal selbst im Kopf, schaltete ich spontan um in den Machermodus. Vor schwierige Aufgaben gestellt, bin ich wie ein Bullterrier. Ein gutes Gefühl vorausgesetzt, ziehe ich einmal getroffene Pläne unbeirrbar durch. Die Franzosen würden sagen: *ça passe ou ça casse*, auf Biegen und Brechen. Doch zunächst mussten wir mit den Kids darüber reden. Gesagt, getan. Die Kinder fanden die Schwedenidee nicht nur gut, sie waren sogar Feuer und Flamme.

Auswandern. Ich gestehe, dafür braucht es Mut. Aber ist Mut nicht das hervorstechendste Merkmal eines jeden freien Menschen? Ich denke schon. Nach Schweden auszuwandern, dafür gab es mehrere Gründe. Die Hauptgründe sind genannt. Nicht zuletzt hatte ich aber auch ein paar sehr persönliche Motive. Obwohl sehr realitätsnah, entspricht mein Charakter doch eher dem des unverbesserlichen Romantikers.

Die Aussicht, mich bei einem langen Fußmarsch in schwedischen Wäldern plötzlich Nase an Nase mit einem Elch wiederzufinden, fand ich sehr prickelnd. Ich brauchte Herausforderungen, die auf Augenhöhe mit meiner Einzelkämpferseele waren, und da käme mir selbst die Begegnung mit einem Wolf oder mit einem Bären gerade recht. Auch wollte dieser eine Baum von mir gefunden werden, der, mutterseelenallein oder umringt von Tausend andren, Antworten auf die Fragen der alten Seele in mir gab. Die Rede ist von Spiritualität. Von Spiritualität einer Art, wie ich sie in Deutschland leider nicht finden konnte. Ich bin also nicht nur ein Macher, sondern auch ein Suchender.

Und dann gab es noch den Ex-Militär und den unverbesserlichen YouTuber in mir. Beide schrien nach Outdoor. Nach Abenteuer. Nach Bushcraft. Nach Survival. Den größten Teil meines Lebens, so kommt es mir zumindest vor, habe ich irgendwo draußen in der Wildnis verbracht. Unter anderem ganze zwei Jahre am Stück im Urwald Französisch-Guyanas. Das war meine Freiheit. Eine, die es heute in dieser Form leider kaum mehr gibt. Zumindest in Deutschland nicht. In Deutschland habe ich die bittere Erfahrung machen müssen, dass selbst das Mitführen des kleinsten Messers, das ich für diese Zwecke am Mann tragen wollte, Probleme generierte. Kurz, es war verboten. Und ich spreche noch nicht mal von meiner Machete oder den beiden Camillus (das spätere USMC-Mark-2 Combat Knife, auch KA-BAR genannt). Hier in Schweden konnte ich tagelang die Wälder durchstreifen, Kanu fahren, Feuer machen, im Wald ein Biwak errichten, ein Messer meiner Wahl am Mann tragen. Männersachen eben. Niemand störte sich daran. Hier oben im Norden tragen viele Männer ein Messer bei sich, das hatte ich schnell raus. Es entspricht dem Wesen des Mannes.

Und dann war da noch dieses Menschenvakuum. Mein letzter Ausflug in die schwedische Wildnis dauerte drei Tage und Nächte. Während dieser Zeit bin ich keiner einzigen Menschenseele begegnet. Da waren nur ich und die unberührte Natur. Was, so dachte ich, brauchte ein

Mann mehr? Natürlich übertreibe ich es nicht, halte mich an hiesige Gesetze und an die teilweise sehr komplexen sogenannten *Allemansrätten*, auf Deutsch Jedermannsrechte. Diese Art Freiheit konnte ich vor der Abreise nur erahnen, aber meine Vermutungen haben sich zu meiner völligen Zufriedenheit bestätigt.

Anmerkung des Autors: Das Mitführen von Messern in Schwedens ländlichen, dünn besiedelten Landesteilen – *also weit weg von den Orten, die unter den Begriff Öffentlichkeit fallen,* insbesondere bei Wanderungen, Outdoorunternehmungen, Angelausflügen etc., ist nicht verboten.

Auch möchte ich euch auf eine Gefahr aufmerksam machen, die viele Männer (Frauen vielleicht weniger) unterschätzen: die Kälte! Wenn ihr im eher gemäßigten Klima in Deutschland oder meinetwegen auch im Urwald Südamerikas oder in der Savanne Afrikas Solo-Outdoorunternehmungen durchführt und es geht etwas schief – *zum Beispiel ihr verlauft euch brutal, erleidet Knochenbrüche oder verliert nach einem Sturz für kurze Zeit das Bewusstsein* –, denn ist das sicher schlimm. Es muss aber nicht unbedingt dramatische Konsequenzen haben. Wenn euch dasselbe hier in Nordschweden bei Temperaturen ab minus 20 Grad passiert und ihr seid allein: Ende Gelände! Ihr werdet es vermutlich nicht überleben. Deshalb mein Tipp. Geht nie allein raus! Und wenn, dann sagt euren Liebsten Bescheid, wo man nach euch suchen kann. Meldet euch tagsüber jede volle Stunde einmal. Zumindest so lange, bis die Nacht hereinbricht und ihr euch im Schlafsack befindet. Doch auch das muss kommuniziert werden. Bleibt die Meldung aus, dann sollten am andren Ende sofort die Alarmglocken schrillen. Eine Suche müsste spätestens ab der dritten Stunde ohne Nachricht eingeleitet werden. Ich für meinen Teil gehe immer solo raus, aber ich bin eben auch unbelehrbar.

Wenn auch aus anderen Gründen, so räsonierte Diana ähnlich, was Schweden anging. Sie tat das auf eine sehr eindringliche Art und Weise. So blieb mir keine andere Wahl, als meiner Frau zuzustimmen, Deutschland schnellstens Richtung Schweden zu verlassen.

Anmerkung des Autors: Persönliche Gründe hin oder her, ich sah und fühlte ich mich irgendwie losgelöst, wie dezentralisiert. Die Familie und ihr Wohl waren mir wichtig. Wo immer meine Kinder und meine Frau glücklich waren, dort sollte auch mein Zuhause sein. Besonders für unsere Kinder und für Diana war Schweden eben Glücklichland!

Entscheidung. Organisation und Aufbruch

Maske auf, Maske ab, Maske auf. Es ging also damit los, dass die Kinder ob dieser hässlichen Mikrobensache in den Schulen Masken tragen mussten. Diesen in unseren Augen Irrsinn wollten wir nicht mittragen. Für uns ergab das alles keinen Sinn. Der Maske zum Trotz wollten die Kinder die Schule zunächst weiterbesuchen. Sie waren lernsüchtig, hatten ihre Freunde dort. Irgendwann später kam die Testpflicht. Diese unerträglich tief ins Nasenloch eindringenden Wattestäbchen waren der absolute Gamechanger bei den Kindern. Die wollten das nicht. Spätestens jetzt fing es in uns Eltern an zu brodeln. Wir wollten unsere Kids raushaben aus dieser Irrenanstalt namens Schule. Und die Kids wollten nicht mehr hin. Was tun? Sie mit Gewalt und unter Tränen in die Schule schleifen, kam gar nicht infrage. Sie blieben also zu Hause. Natürlich konnte das nur eine gewisse Zeit lang gut gehen. Zu dem Zeitpunkt suchten wir bereits nach Alternativen. Wir wollten weg von Deutschland. Der erste Schritt unserer kleinen Minirevolution bestand darin, sich mit Gruppen sogenannter Freilerner in Verbindung zu setzen. In diesen Gruppen gab es viele Eltern, junge und schon ältere Ehepaare mit Kindern, die längst darüber nachdachten, auszuwandern.

Anmerkung des Autors: In Schweden herrscht Schulpflicht. Ja sogar Schulanwesenheitspflicht. Falls es also Familien gibt, die nach Schweden auswandern möchten, aber Homeschooling für ihre Kids bevorzugen, sei diesen schon vorab gesagt: Probleme wären an der Tagesordnung! Schweden wäre definitiv nicht das richtige Land für euch. Ich gehe auf das Schulsystem und auf unsere Erfahrungen mit der Schule noch explizit ein.

Irgendwann stand eine dieser Mütter einer lokalen Freilernergruppe vor unserer Tür. Sie bat um Gehör, erzählte bei Kaffee und Kuchen von ihrem Wunsch, Deutschland den Rücken zu kehren und mit Kind und Kegel nach Schweden auszuwandern. Die Idee fühlte sich sofort gut an. Zumindest kamen Diana und die Kinder mit diesem Gedanken gut klar. Ich selbst war prinzipiell damit einverstanden, suchte aber zunächst nach Alternativen irgendwo im südlichen Europa. Vom Typ her zog es mich eher in warme Gegenden wie etwa Südfrankreich, Korsika oder Sardinien. Dennoch: Ich fing an, heimlich zu recherchieren. Stichworte hierfür waren *Auswandern mit Kindern nach Schweden, Leben in Schweden mit Kindern* etc.

Was mir zuerst auffiel, war, dass es in Schweden keine allgemeine Impfpflicht gegen Masern gab. In Deutschland hingegen wurde die Freiwilligkeit der Impfentscheidung, was Masern angeht, im Jahr 2020 aufgehoben. Weder Jan noch Helena, mit denen wir sehr oft über dieses Thema sprachen und die in einem Alter waren, selbst darüber nachzudenken und auch selbst über diese Thematik zu recherchieren (sie ließen schulpflichtige Freunde an ihrem Denkprozess teilhaben), wollten sich impfen lassen. Außerdem waren wir strikt dagegen, Emmylou – sie war damals drei Jahre alt und besuchte seit einigen Monaten eine nahe gelegene Kita in unserer Stadt – dieser Prozedur auszusetzen.

Doch zurück zu meinen Recherchen. In fast allen südlichen Ländern, zu denen ich mich hingezogen fühlte, gab es diese Impfpflicht. In Frankreich tobte in dieser Sache der blanke Wahnsinn. Das Land hatte bereits mit dem Jahreswechsel 2017/2018 die Impfpflicht für Kinder deutlich ausgeweitet. Kinder sollten in den ersten zwei Lebensjahren gegen gleich elf *‚Krankheiten‘* geimpft werden.

Nun stand ich als höchst impfkritischer Familienvater nachdenklich vor einer schwerwiegenden Entscheidung. Ich hatte zwei schulpflichtige Kinder, eine Tochter in der Kita, und Diana war mit unsrem Sohn Jophiel schwanger. Wow! Süden war aus genannten Gründen Sperrgebiet, kam also nur ein Land in Übersee oder eins im Norden Europas infrage. Ein Land bitte schön mit dem anfangs erwähnten ähnlichen

Kulturkreis. Und dann steht doch tatsächlich diese Fremde vor unserer Tür und erzählt von Schweden, als sei es das Land, in dem Milch und Honig gleichermaßen fließen.

Natürlich gab und gibt es, ich hatte es erwähnt, auch in Schweden eine Schulpflicht. Diese wird aber nicht mit brachialer Gewalt vom Staat eingefordert, beziehungsweise durchgesetzt. Das war auch aus dem Grund perfekt, weil eben unsere beiden Großen es liebten, in die Schule zu gehen. Daheim rumzusitzen, wäre ihnen mit der Zeit auch zu langweilig gewesen. Schweden rückte also in den Fokus.

Unsere Bekannte, nennen wir sie aus Gründen der Anonymität Babette, war der Wegbereiter. Ihren Sohn im Gepäck, zog sie bereits Anfang August 2021 in den Norden Schwedens. Von dort aus schickte sie uns Updates jeglicher Art. Vor allem aber berichtete sie vom Leben in der Region. Von ihr erhielten wir wertvolle Tipps und Ratschläge. Sie war es auch, die uns unsere Stuga, unser schwedisches Ferienhaus, vermittelte. Doch dabei blieb es nicht. Im Vorfeld unserer Vorbereitungen nahm sie Pakete an, die wir ihr zuschickten, es waren derer locker zwei Dutzend. Große und kleine Kisten und Kartons mit all den Sachen, die wir notwendig vor Ort brauchten, um gut durchstarten zu können. Das Ganze lief so ab, dass die Kisten in Deutschland verpackt und von DHL direkt nach Schweden an die Adresse unserer lieben Freundin geschickt wurden. In Schweden angekommen, lieferte PostNord (PostNord Sverige, nationale Post in Schweden) dieses wertvolle Gut zunächst an den Supermarkt ganz in der Nähe, Coop, um den Namen nicht zu nennen, wo Babette dieselben nur abzuholen brauchte. Mit Sorgfalt und Eifer, für die wir heute noch sehr dankbar sind, lud Babette die Kisten in den Kofferraum ihres Miniautos und stapelte sie dann in unserer Stuga. Dieser Prozess dauerte, denn alles in allem waren es circa zwanzig Umzugskartons, die wir auf vier oder fünf Mal abschickten. Aber es erleichterte uns die Sache ungemein. Möbel oder sperrige Sachen ließen wir in Deutschland zu Händen von Bekannten und Verwandten. Wir wollten leicht, schnell und so flexibel wie nur irgend möglich unterwegs sein. Der sperrigste Teil war da noch der Hundekäfig.

Ein Wort zu dieser Stuga. Babette hatte einen Deutschen ausfindig gemacht, der uns sein Häuschen vermieten wollte. Sie besuchte ihn, machte Fotos und schickte sie uns mit der Bemerkung zu, dass es sich hier mit Kindern gut leben ließe. Wir vertrauten ihrem Urteil. Als wir dann Mitte September Richtung Norden aufbrachen, taten wir dies zwar mit einem fetten Kloß im Hals, aber bei jedem von uns überwog die Neugier und eine offen an den Tag gelegte Vorfreude. Uns allen war nach Tanzen und Singen zumute. Wir hatten eine Bleibe, eine Kontaktperson vor Ort und die Hälfte unseres Krams befand sich bereits in Schweden. Was wollten wir mehr?

Anmerkung des Autors: Die letzten drei Worte meines Buches Mental Survival lauten folgendermaßen: Triff eine Entscheidung! Was ich damit sagen möchte, lieber Leser, ist klar. Der Entscheidungsprozess ist immer der schwierigste Part eines jeden Unternehmens, und die finale Entscheidung ist das Tüpfelchen auf dem i. Ist die Entscheidung aber gefällt, geht der Rest meist locker und beschwingt von der Hand. Man ist im Machermodus. Wenns und Abers sind keine ernstzunehmenden Themen mehr.

Im selben Atemzug möchte ich vermuten, dass in unsrem Fall die Tatsache, dass ich bereits eine kleine Rente bekam, uns diese finale Entscheidung etwas erleichtert hat. Und wir hatten etwa 20.000 EUR angespart. Wenn ihr nach Schweden auswandern möchtet, muss der finanzielle Part zuallererst geklärt werden.

- Von was werden wir leben?
- Verfügen wir über regelmäßige Einkünfte?
- Haben wir etwas auf der hohen Kante?

Wenn ihr alle drei Fragen sehr kritisch seht oder gar mit einem Nein beantwortet, Stopp! Ich kenne zwar einige Deutsche, die keinen Knopf besaßen, als sie nach Schweden kamen, aber es sind Ausnahmen. Ich möchte euch, liebe Leser, nichts vormachen. Wenn ihr von dem Typ Auswanderer seid, die in Deutschland nichts auf die Reihe kriegen, wenn ihr dort faul vor euch hingammelt, ständig unzufrieden mit eurer Situation seid und aus dieser

Unzufriedenheit heraus die Flucht ins Ausland in Erwägung zieht, dann sage

ich klipp und klar: Bleibt, wo ihr seid! Ihr werdet auch in Schweden nichts auf die Reihe kriegen. Nicht nur in Schweden nicht, sondern nirgendwo auf der Welt. Das ist das universelle Gesetz, also eine mentale Einstellungssache. Vor allem im Norden Schwedens sind Männer und Frauen gefragt, die aktiv sind, die anpacken, mit ihren Händen oder Hirnen etwas schaffen können. Stichworte hierfür sind Arbeit und Kreativität. Nichts kommt dir zugeflogen. Auswandern heißt Aufbruch. Dranbleiben, hartnäckig und geduldig sein. Jederzeit hart an sich selbst arbeiten und den Willen mitbringen, den es braucht, um Erfolg zu haben. Nordschweden ist dünn besiedeltes Land. Hier gibt es nicht alle fünfzig Kilometer eine Firma oder ein Unternehmen, das gerade auf dich wartet. Je nachdem, wo du dich hier oben niederlässt, kann es sein, dass du, um eine Arbeit in Festanstellung zu finden, tierisch Glück haben, und dann, bei Erfolg, täglich 200 Kilometer und mehr mit dem Auto fahren musst. Im Sommer kein Thema. Im Winter wärst du gegebenenfalls sechs Stunden täglich auf zugeschneiten, vereisten und einsamen Straßen unterwegs. Natürlich geht auch das. Aber eben nur eine Weile und die Frage ist: Möchtet ihr das?

Zweitausend Kilometer Straße trennten uns von der neuen Heimat. Da der Kleinbus nicht schneller als mit 85 km/h unterwegs war, konnte das etwas dauern. Doch zur Freude gesellte sich die Zeit. Beides hatten wir im Überfluss. Die einzelnen Etappen hatten wir vorher sorgsam festgelegt, Unterkünfte lagen entlang der Strecke. Ich fuhr den camouflagefarbenen Kleinbus, einen dreißig Jahre alten Ford Transit, den ich in Anlehnung des russischen Kampfpanzers T-70 liebevoll T-777 nannte, Diana unseren Suzuki. Der Transit war ein halber Campingbus, hatte Gasherd, Wassertanks und Schlafgelegenheiten für vier Personen. Beide Fahrzeuge waren bis oben hin gerammelt voll mit irgendwelchen Sachen, die wir nicht mit der Post weggekriegt hatten.

Es konnte also losgehen. Ich für meinen Teil war unendlich froh, endlich hier wegzukommen. Wir lebten damals in einem Stadtteil, in dem es von dreimal Geboosterten und typischen Allerweltsmenschen nur so wimmelte. Wir waren umzingelt von Möchtegerns aus der oberen Mittelschicht, die das Grüßen verlernt hatten und für die Leben und Lebenlassen nie eine Option war. Da ich damals schon eine Rente bekam, bereits Bücher geschrieben und auch veröffentlicht hatte und auch mein YouTube-Kanal so richtig gut anlief, arbeitete ich natürlich von zu Hause aus. Die meisten Nachbarn kannten mich aber nicht persönlich. Sie sahen immer nur einen südländisch aussehenden, unrasierten, immer lächelnden Typen, der ständig daheim war und der ihnen einen Spiegel vorhielt, weil er eben, ganz anders als sie, stets höflich grüßte. Ich konnte es mir leisten, um 11h00 morgens joggen zu gehen und mich dann gegen Mittag mit einem Buch bewaffnet für eine Stunde ganz entspannt auf eine Pritsche in den Garten zu legen, weil mein Arbeitstag, der *unsichtbar* für andere bereits um 05h00 begonnen hatte, dann nämlich meist schon beendet war.

Diana ging ihrem Job als Doula nach. Die meiste Zeit aber war auch sie daheim. Sie führte den Haushalt, kümmerte sich um die Kids und hielt Ärger von mir fern.

Die Tatsache, dass wir zu allen Tageszeiten und für jedermann *sichtbar* waren, sorgte dafür, dass die Gerüchteküche auf Hochtouren lief. Wir passten nicht ins gesellschaftliche Schema, das, nicht per Gesetz festgehalten, aber dummerweise von jedermann befolgt, vorschrieb, wie Mensch sich doch bitte zu verhalten hatte: früh aufstehen, Kinder in Kita und Schule parken, zur Arbeit fahren und dort den ganzen Tag buckeln (oft für den Benefit anderer), nur um dann spätabends und mal so richtig am Leben vorbeigelebt so zu tun, als hätte wir einen wichtigen Beitrag zur Gesellschaft beigesteuert. Nein. Nicht unser Ding. In den Augen der erwähnten unhöflichen Menschen blitzten Neid und Entrüstung gleichermaßen. Als wir also losfuhren, wusste ich, es war ein Abschied für immer. Keine zehn Pferde würden mich hierher zurückbringen. Ich kann mich gut daran erinnern, dass mich keine einzige Sekunde lang irgendwelche Zweifel plagten. Diana ging es genauso. Wir blickten nach vorne, waren auf dem richtigen Weg. Wir hatten Bock auf das Unbekannte und wir hatten Lust auf neue Herausforderungen, kurz: das Fernweh hatte uns voll im Griff.

Aber!

Jeder kann sein Leben jederzeit verändern. Auch dann, wenn man, wie ich, die fünfzig schon überschritten und eine Familie mit kleinen und schon größeren Kindern hat. Es gibt da jedoch ein Wort, das die größte Mauer zwischen einem Menschen und all seinen Träumen bildet. Es ist das Wort *Aber*. Auch wir hatten einige *Abers* aus dem Weg zu räumen, denn Gründe, sich den Traum, auszuwandern, eben nicht zu erfüllen, spukten auch in unseren Köpfen.

Aber all unsre Freunde sind doch in Deutschland.
Aber wie soll ich in Schweden Geld verdienen?
Aber wir verstehen doch die Sprache nicht.
Und wenn wir krank werden? Was dann?

Auf jeden dieser Punkte komme ich noch ausführlich zu sprechen. Doch jetzt ist es an der Zeit, euch, liebe Leser, unser Abenteuer so detailfreudig wie nur irgend möglich zu erzählen.

Eine abenteuerliche Reise

Besonders für die Kinder war die Reise ein einziges Abenteuer. Ihre Backen waren vor Aufregung ständig gerötet, ihre Stimmen lauter als sonst. Da wir nicht unter Zeitdruck waren, hielten wir an, so oft es ging. Wir vertraten uns die Beine, spielten irgendein Spiel, aßen und tranken.

Das erste Quartier bezogen wir in einem kleinen Dorf zwischen Neubrandenburg und Altentreptow. Diana hatte eine private Unterkunft angemietet.

Abends beim genügsamen Dinner in der gemütlichen Holzhütte, in der das Kaminfeuer fröhliche Schatten an Wände und Türen warf und es angenehm nach Birkenfeuer roch, beobachtete ich meine Frau und die Kinder ganz genau. Ich suchte nach Anzeichen von Bedauern. Nach Unsicherheit oder gar Angst. Fündig wurde ich nicht. Nur spürte ich selbst ein seltsames Kribbeln im Bauch. Die Verantwortung meldete sich zu Wort. Sie verpasste der bislang überaus großen Freude wohl jetzt den ersten Dämpfer. Aber wenn du Mann und Familienvater bist, ist das eben so, beruhigte ich mich. Ich sah aus dem Fenster. Mein Blick fiel auf einen atemberaubenden Sonnenuntergang. Alle Rottöne, angefangen von Arabischrot über Drachenblutlila bis hin zu Bordeaux flossen ineinander. Der Tag nahm Abschied, einer stockdunklen, warmen Nacht Platz lassend. Ich grinste. Meine Zweifel verflogen im Nu.

Am nächsten Tag fuhren wir unsrem ersten größeren Zwischenziel entgegen. Sassnitz. Dort wartete eine Fähre der FRS-Baltic-Linie auf uns. Sassnitz (Deutschland) 15h00 – Ystad (Schweden) 17h15 war genau das Richtige für uns. Ich habe sogar noch meine Ticketnummer im Kopf: 13432761.

Auf der Fähre wurde es Diana plötzlich kotzübel. Fast die ganze Überfahrt stand sie draußen an der Reling, blass im Gesicht, das von Henna rot gefärbte Haar wüst vom Ostseewind zerzaust. Kein Wort kam über ihre blauen zusammengepressten Lippen. War es nur der etwas raue Seegang oder steckte da doch mehr dahinter? Ich fragte sie nicht und so werde ich es wohl nie erfahren.

Als wir mit den Fahrzeugen gegen 18h00 am selben Tag die Fähre verließen und zum ersten Mal schwedischen Boden unter uns spürten, wurden selbst die Kleinen mucksmäuschenstill. Aus dem Radio ertönten Stimmen in einer Sprache, die uns noch fremd war und die sich lustig, aber auch schwierig anhörte.

> **Anmerkung des Autors:** Wissend, dass Sprachen allgemein die wichtigsten Tools für eine gelungene Rundum-Kommunikation sind, hatte Diana sich bereits einige Wochen vor der Abfahrt mit der schwedischen Sprache befasst. Sie verstand schon einige Wörter. Für mich war es absolutes Neuland. Ehrlich gesagt tue ich mir heute damit noch sehr schwer. Mein Problem war und ist, dass ich neben Deutsch auch noch Englisch, Französisch und etwas Arabisch spreche. Jedes Mal, wenn ich nun versuche, mich auf Schwedisch einzubringen, drängen sich automatisch französische und arabische Worte auf meine Zunge. Aber ich bin voller Zuversicht, dass auch bei mir bald der Knoten platzt. Wer gut Englisch kann, hat in Schweden einen immensen Vorteil. Es ist tatsächlich so, dass die meisten Schweden, ja sogar ältere Menschen die englische Sprache sehr gut beherrschen. Ein Grund dafür könnte sein, dass im schwedischen Fernsehen fast alle ausländischen Filme nicht synchronisiert werden. Die Filme verbleiben in der Originalsprache, sind aber mit schwedischen Untertiteln versehen. Die Kinder in Schweden besuchen in der Regel eine obligatorische Grundschule – ich komme auf das schwedische Schulsystem später im Text noch zurück. Eines der sechzehn Pflichtfächer dieser Grundschule ist Englisch.

> **Tipp:** Wollt ihr nach Schweden auswandern, solltet ihr nicht in die Falle tappen und sagen, Englisch reiche hier doch. Das wäre ein fataler Irrtum. Wenn ihr hierbleiben möchtet, wird erwartet,

dass ihr euch von Beginn an um das Erlernen der schwedischen Sprache bemüht, was gegebenenfalls von den Schweden wohlwollend zur Kenntnis genommen wird. Unsere Emmylou war zunächst achtzehn Monate in einem schwedischen Kindergarten (*förskola*, früher *Dagis*) und ist seit einem halben Jahr in der *förskoleklass*, einem wichtigen Baustein zwischen dem Kindergarten und der kommenden Grundschule. Sie spricht bereits sehr gut Schwedisch, besser zumindest als Diana und ich. Die deutsche und schwedische Sprache (*språk*) haben einen gemeinsamen Nenner. Es sind germanische Sprachen. Sie sind sich also schon sehr ähnlich. Wir Deutschen tun uns generell nicht so schwer damit. Auch in Sachen Grammatik gibt es zahlreiche Parallelen.

Ich habe für euch ein paar Wörter schwedisch – deutsch herausgesucht, die sich sehr ähneln.

- Utgång – Ausgang
- Toalett – Toilette
- Fönster – Fenster
- Hantverk – Handwerk
- Borgmästare – Bürgermeister
- Anhörig – Angehöriger
- Beskriva – beschreiben
- Befäl – Befehl
- Fråga – fragen, die Frage
- Bevara – bewahren
- Lärare – Lehrer

In Verbindung mit dem Sprachgebrauch kommen wir kurz zur Gleichberechtigung der Geschlechter in Schweden. Das Land hat im Jahr 2015 das geschlechtsneutrale Personalpronomen *hen* eingeführt. Vorher gab es nur *han* (er) und *hon* (sie). Frauen und Menschen der LGBTQ-Community werden insgesamt positiver wahrgenommen als anderswo. Feminismus und Gleichberechtigung sind stark ausgeprägt. Meiner Meinung nach zum Nachteil der Familie und auch zum Nachteil der Frau. Nur ein Beispiel: Frau und Mann müssen jeweils selbst für ihre Rente sorgen. Auch wenn der Mann stirbt, hat die Frau kein Anrecht auf die Rente des Mannes. Das zwingt Frauen schon sehr früh nach der Geburt wieder in die Arbeit. Allgemein investieren Frauen weniger Zeit in die Kindererziehung und in die Familie. Durch dieses System wird die Familie, zumindest meiner Meinung nach, insgesamt geschwächt. Wir haben auch schon gehört, dass Kinder hier stark frühsexualisiert werden und dass gerade im Sexualkundeunterricht auf alle erdenklichen Geschlechter und sexuellen Vorlieben eingegangen wird. Ich als Vater kann da nur sagen: *Big Brother is watching you!* Auf Deutsch, ich habe da ein ganz besonderes Auge drauf.

Und jetzt noch mal: Lernt Schwedisch und beginnt noch heute damit! Alles fängt im Kopf an, oder wie sagte Aristoteles (384 – 322 v. Chr.) so schön? Der Anfang ist die Hälfte des Ganzen!

Kurzer Zeitsprung in die Zukunft: Wir kennen drei oder vier Deutsche, die mit der Vorstellung nach Schweden kamen: *Ich bin Krankenschwester (oder Altenpfleger) mit Diplom, finde deshalb sicher sehr schnell und überall einen Job!* Dieses Denken spricht von großem Mut, leider aber auch von einer gewissen Naivität. Mut bewundere ich, wo immer er sich zeigt. Grenzenlose Naivität hingegen lässt mich sprachlos. Hier noch einmal Klartext: Wer im Gesundheitswesen oder in einem Handwerksberuf arbeiten möchte, braucht gute Schwedischsprachkenntnisse. Einerseits soll die Verständigung mit dem Patienten, andererseits die mit dem potenziellen Kunden gut funktionieren. Das bereits Gesagte muss wiederholt werden, und das so oft, bis es gehört und verstanden ist. Deshalb noch einmal:

Lernt Schwedisch!

Zurück zur Gegenwart. Die erste Etappe auf schwedischem Boden führte uns ins Ystad Camping der Stadt Ystad. Wir blieben eine Nacht in einem Bungalow nahe der Eisenbahnlinie und brachen am nächsten Tag frohen Mutes Richtung Norden auf. Was ich bisher sagen konnte, war, dass wir uns augenscheinlich nicht nur in einem Land befanden, das demselben (oder zumindest sehr ähnlichen) Kulturkreis entsprang. Frappierend war auch die herzliche Willkommenskultur. Die Menschen waren samt und sonders freundlich, unsere Unterkünfte sauber und gepflegt. Bislang gab es also keinen Grund, Unmut aufkommen zu lassen, und so fuhren wir völlig gechillt und von Problemen jeglicher Art irgendwie losgelöst weiter Richtung Norden.

Der nächste zu bewältigende Streckenabschnitt betrug 385 Kilometer und führte uns immer der Route 23 (der Riksväg 23 ist eine schwedische Fernverkehrsstraße) folgend über Kristianstad, Sandsbro, vorbei an Lönneberga und Vimmerby direkt nach Västervik, wo wir die zweite Nacht verbrachten.

Nie werde ich diese eine Stunde vergessen, in der wir in einem Waldstück südlich von Västervik gegen Mittag eine kurze Rast einlegten. Eigentlich wollten wir in einem Fastfoodrestaurant Einkehr halten, doch irgendwie kam es nicht dazu. Kaum hielten wir an, liefen die Kinder, angetrieben vom Hunger, eins nach dem andren wie Orgelpfeifen in den Wald. Diana und ich tippelten höchst amüsiert hinterher. Nicht mal fünfzehn Minuten später hatten wir einen Eimer randvoll mit Heidel- und Preiselbeeren. Keiner von uns verspürte mehr Lust auf Hamburger und Co. Alle frönten der völligen Zufriedenheit ob der gefundenen Schätze. Es gab blau-rot verschmierte Münder, Kinderlachen, laut schmatzende Geräusche und Umarmungen. Dass wir nicht tanzten, war schon alles. Als alle satt waren, ging unsere Reise weiter nach Gävle.

> **Anmerkung des Autors:** Da ich bisher noch nichts Negatives zu berichten habe, fahre ich mit positiven Dingen fort. Das Autofahren hier in Schweden empfinde ich als angenehm. Besonders auf Straßen abseits der großen Städte im Süden des Landes fährt man im Schnitt 80 km/h, nicht schneller. Entspannung pur, kein Stress, alles locker. Die Autos hinter dir halten gebührend Abstand, es hängt dir also keiner an der Stoßstange und kaum jemand überholt. Raser sichtet man kaum. Was noch auffällt, ist, dass Blitzer nur nach Ankündigung kommen (ganz wenige Ausnahmen bestätigen diese Regel). Ständige Blitzer müssen in Schweden angekündigt werden. Sie sind an großen blauen Schildern erkennbar, auf denen eine weiße Kamera abgebildet ist. Darunter oder darüber steht dann auch, wie schnell man fahren darf. Die Kamera kommt hundert oder zweihundert Meter später. Angeblich gibt es auch

mobile Blitzer, die nicht angekündigt werden; solche kenne ich aber nur vom Hörensagen. In der Region, in der wir heute wohnen, gibt es im Umkreis von hundert Kilometern keinen einzigen stationären Blitzer.

Stockholm und Uppsala östlich lassend, fuhren wir über die E-22 und die Route 56 weiter nach Gävle. Etwas abseits der Stadt ließen wir uns für eine Nacht in einer typisch schwedischen Stuga nieder. Die Schlüssel dafür hatte uns die Besitzerin in den Briefkasten vor dem Haus hinterlegt. Uns allen blieb diese Stuga nicht wegen ihrer Schönheit und der absolut idyllischen Lage mitten im Wald an einem kleinen Bach in Erinnerung, sondern wegen Myriaden von Stechfliegen, die selbst das Moskitonetz des jeweiligen Bettes nicht beindrucken konnte. Dafür aber hatte Diana Lachs gekauft. Und der war herrlich. So gestärkt nahmen wir den Kampf gegen die Stechfliegen gerne an.

Früh am Morgen ging es zeitig weiter. Es sollte ein denkwürdiger Tag werden. Für uns alle. Entlang der *Höga Kusten* fuhren wir die letzten 365 Kilometer Richtung Final Destination, unserem neuen Heimatort Åsmon entgegen. Das Navi, aus welchen Grund auch immer, leitete uns nicht über Sundsvall und Sollefteå, sondern durch den Wald bei Ramsele. Die ganze Anfahrt bis hierher war mir aufgefallen, dass man hier auf diesem Streckenabschnitt zwanzig Minuten oder eine halbe Stunde fahren konnte, ohne dass dir ein anderes Auto oder gar ein Lastwagen entgegenkam. Oft waren es pfeilgerade Straßen, an deren Ende Sonnenstrahlen durch den Mischwald aufblitzten. Hier und da machten mich die Kinder auf Schilder am Straßenrand aufmerksam, auf denen ein Elch abgebildet war, doch zu Gesicht bekamen wir keinen – noch nicht! Angemerkt sei an dieser Stelle, dass hier oben im Norden Unfälle mit Elchen nicht selten sind. Oft enden die Unfälle dann auch richtig böse. Das rührt daher, dass der Elch richtig lange Stelzen besitzt. Erwischst du ihn frontal, legt er sich also nicht auf die Straße, sondern kommt dir durch die Windschutzscheibe entgegen. Geschwindigkeit 80 km/h, Gewicht des Tieres 450 Kilo. Aus die Maus, das wär's dann!

Lange bevor wir in Åsmon ankamen, machte sich bei uns die ganze Aufregung der vergangenen Tage deutlich spürbar. Da wir uns noch mit den allernötigsten Lebensmitteln eindecken wollten, gingen wir in Ramsele im ICA einkaufen. Ich erinnere mich daran, dass ich allein den Supermarkt betrat. Zu Beginn des Buchs sprach ich von Schwedens Sonderweg in der Charlie-Sache. Kaum drin im ICA war er plötzlich da, dieser Sonderweg. Erster Einkauf im Supermarkt: Zwanzig Menschen dicht gedrängt vor vollen Regalen und auf schmalen kühlen Gängen und vor der Kasse; keiner trug Maske. Und das im September 2021, zu einer Zeit also, in der das Nichttragen einer Maske in den meisten europäischen Ländern böse Folgen in Form bitterböser Blicke, eines Rausschmisses oder eines Bußgeldverfahrens nach sich ziehen konnte. Es war wie eine Befreiung. Als ich mit prall gefüllten Einkaufstaschen auf den Parkplatz zurückkam und Diana und den Kids davon erzählte, wollten sie auch plötzlich alle einkaufen, obwohl ich schon für drei Tage Essen und Trinken in den Tüten hatte. Das brachte mich zum Schmunzeln und ich dachte mir nicht zum ersten und auch nicht zum letzten Mal: ... *bis jetzt hast du alles richtig gemacht, Thomas!*

Anmerkung des Autors: In Schweden findet ihr folgende Supermärkte: Coop, ICA, Willys und Lidl. Lidl und Willys gibt es nur in den etwas größeren Städten, ICA und Coop überall. Noch im Jahr 2021 war es durchaus so, dass die Lebensmittelpreise in Schweden im Schnitt zwischen 15 und 20 % teurer waren als in Deutschland. Inzwischen – wir sind im ständigen Austausch mit Freunden und Verwandten in Deutschland, wissen also bestens Bescheid – hat sich das Blatt gewendet. Wir haben die Erfahrung gemacht, dass es hier unterm Strich nicht viel teurer ist als in Deutschland. Steuern, Sprit, Lebensmittel und Alkohol mögen zwar nicht gerade billig erscheinen, dafür ist vieles auch komplett kostenfrei. Schulkinder, ich komme später noch drauf, bekommen sämtliches Schulmaterial gestellt (Stifte, Bücher und in höheren Klassen sogar Laptops). Im Dorf bei uns gibt es kostenlosen Zutritt zu Schwimmbad und Sauna. Auch Schlittschuhfahren kostet nichts. Der Zutritt zur Eishalle ist frei für jedermann. Auch sonst gibt es kaum versteckte Gebühren. Und wir dürfen die günstigen Immobilienpreise hier in Mittelschweden bzw. Nordschweden nicht vergessen. Abraten möchte ich hier an dieser Stelle, sich ein (permanentes) Wohnobjekt zu mieten. Es ist einfach zu teuer.

Bei Coop in unsrem Ort, wie auch bei ICA, kann man gerne noch mit Bargeld zahlen, was in größeren Ortschaften kaum mehr möglich ist. Generell kann man sagen, dass du in Schweden alles mit Karte zahlst. Eine vielverwendete Zahlungsmethode ist Swish, ich komme darauf zurück. Fleisch hat zumindest im Norden Schwedens absolut Bio-Qualität und ist verhältnismäßig billig. Kartoffeln, Eier, Honig, Erdbeeren (Sommer) und Fleisch kaufen wir vom Bauern um die Ecke. Pilze, Preiselbeeren und Heidelbeeren finden sich im Spätsommer im Wald. Was das Fleisch angeht, lasse ich als gelernter Metzger gar nicht mit mir diskutieren. Einmal im Jahr liefert mir ein Bauer ein halbes Rind sowie eine halbe Sau. Dasselbe bekommt auch unser heutiger Freund und Nachbar Christian geliefert. Um alles fachgerecht zu zerlegen, machen wir uns meist zu zweit oder zu dritt an die Arbeit und arbeiten oft die ganze Nacht hindurch. Vierundzwanzig Stunden nach der Lieferung sind unsere Gefriertruhen voll mit Schnitzel, Steaks, Hackfleisch, Rouladen, Suppenfleisch und Kompanie. Diana und Nicole, Christians Frau (sie ist im Besitz eines Fleischwolfs und einer Wurstfüllmaschine), kochen Gulasch und machen Sülze und wecken die vollen Gläser ein. So haben wir ein Jahr lang Ruhe. Doch schnell zurück zu unsrem Abenteuer.

Välkommen

S*eid ihr vielleicht die neuen Zuwanderer und sucht euer Haus?*

Der Mann, der uns im perfekten Deutsch ansprach, fuhr einen dunkelblauen Volvo. Mit einem raschen Blick auf unsere Nummernschilder und ohne auf eine Antwort unsererseits zu warten, fuhr er fort.

Ihr seid gerade daran vorbeigefahren. Seht ihr das große rote Haus direkt an der Straße? Das mit den großen Fenstern zur Straßenseite? Das ist es!

Noch bevor wir uns bei ihm bedanken konnten, machte er sich wieder auf den Weg und war schon zehn Sekunden später nicht mehr zu sehen. Wir drehten um, parkten direkt auf dem Grundstück vor dem besagten Haus und nahmen unsere neue Bleibe ehrfurchtsvoll in Augenschein. Rolf, der deutsche Vermieter, war noch nicht da. Von Babette, sie wohnte in einem drei Kilometer weiter entfernten Nachbarsdorf, wussten wir, dass der Schlüssel unter der Fußmatte lag.

In der ganzen Angelegenheit Hausmieten, Hauskaufen, Häuser in Nordschweden etc. war ich eher der große Skeptiker. Das lag wohl daran, dass ich in meinem bereits langen Leben schon Pferde habe kotzen sehen. Deshalb war ich angenehm überrascht von dem, was wir tatsächlich vorfanden.

Das Haus war größer und qualitativ besser, als ich es erwartet hatte. Das Dach war intakt, nur am Schornstein musste wohl nachgebessert werden. Auch die fehlenden Regenrinnen bereiteten mir keinerlei Sorgen. Das Häuschen hatte zwei Eingänge, wie schon erwähnt sehr große Fenster und es schien so, dass das größte Zimmer zur Straßenseite hin einst der Verkaufsladen des Dorfes war, worauf auch ein Schild mit der Aufschrift *Handelsbot* hinwies. Das dazugehörige Grundstück war klein, nur etwa 1600 m^2, doch nach mehr stand uns zunächst auch nicht der Sinn. Es gab nur vier direkt angrenzende Nachbarhäuser und im Ort (insgesamt etwa 150 Einwohner) lebten hauptsächlich Schweden. Ansonsten fand sich später in der Zeit ein weiterer Deutscher, zu dem wir, aus welchen Gründen auch immer, nie den direkten Kontakt suchten. Uns gegenüber wohnte ein alleinstehender Mann mit Hund. Er war aus dem Kosovo. Wie sich später herausstellen sollte, war er ganz okay. Jedoch hatte er Probleme mit der Justiz, wurde aus uns unbekannten Gründen ein Jahr nach unserem Einzug außer Landes gewiesen.

Unser Haus war falunrot angemalt und mit weißen Zierleisten versehen. Im Erdgeschoss fanden wir links das Wohnzimmer, durch dessen große Fenster helles Licht drang. Das Prunkstück dieser Wohnküche war die alte Küchenhexe. Diana hatte sich so sehr eine gewünscht, und hier stand sie plötzlich. Von der Küche aus gelangte man durch die zweite Haustüre hinaus in den Garten.

> **Anmerkung des Autors:** Wenn du in Schweden ein Haus kaufst, achte auf eine Sache: Die Grundausstattung muss im Kaufpreis mit drin sein. Generell gilt, dass alles, was dem Haus zur dauerhaften Nutzung hinzugefügt und eingebaut wird (wurde), als Zubehör gilt. Es muss daher beim Verkauf dort verbleiben. Dazu gehören unter anderem: eine gut funktionierende Küche mit Herd und Kühlschrank, Küchenmöbel und Haushaltsgeräte in der Küche. Unter Küchenschränken montierte Beleuchtungen. Waschmaschine und Trockner, Staubsauger, Fensterläden, eingebaute Lautsprecher, Feuermelder, Gardinenstangen, fest montierte Lampen, Duschen, Duschkabinen und Badewannen. Waschbecken, Kommoden und so weiter. Außerdem gilt: Du kaufst das Haus wie gesehen! Der Verkäufer darf auch nicht einfach zum Beispiel den Briefkasten abmontieren und mitnehmen. Standen bei der Hausbesichtigung ein Rasenmäher und/oder andere Gartenutensilien in der Garage oder im Gartenhäuschen, müssen diese Dinge dort verbleiben. Doch noch haben wir September 2021, wir sind einfache Mieter, gerade angekommen, happy, aber auch verdammt müde.

Neben der kuschligen Wohnküche gab es im Erdgeschoss ein Klo. Dahinter eröffnete sich im Vorbeigehen der einstige Verkaufsraum. An dessen Ende fand sich eine Art Vorratskammer, in der wir später unsre Notfallnahrung lagerten. An dieser Stelle möchte ich hinzufügen, dass ich genau diesen Part *Notfall* sehr ernst nahm. Sollten Ereignisse wie die Charlie-Sache, weltweite Krisen und womöglich Kriege und damit einhergehende Notstände, Lieferengpässe und Inflation mit aller Macht zuschlagen, wollte ich meine Familie nicht am Hungertuch nagen sehen. Dazu muss man wissen, dass es im Umkreis von 200 Kilometern nur wenige Supermärkte, Tankstellen und Geldautomaten gab. Würden die alle dicht machen, weil die Logistikkette unterbrochen war, hätten wir zunächst mal ein Problem. Diana war aus demselben Holz geschnitzt wie ich. Zusammen füllten wir nicht nur diesen Speicher mit Nahrungsmitteln für drei Monate auf (so bestellten wir zum Beispiel beim Bauern 250 Kilo Kartoffeln, die wir im Keller lagerten), wir machten auch unser Häuschen insofern von Strom (Elektrizität) unabhängig, indem wir zwei zusätzliche Kamine einbauten. Kochen konnten wir auch auf der Küchenhexe, dafür brauchten wir den E-Herd nicht und Holz war hier oben billig, und es fand sich, sollte es ganz eng werden, auch im nahen Wald. Zu guter Letzt floss nur zweihundert Meter von uns entfernt der Fjällsjöälven, ein rechter Nebenfluss des Ångermanälven, dem wasserreichsten Fluss Schwedens. Das heißt, auch Wasser gab es in unbegrenzten Mengen. Hühner zu halten, wie Diana es suggerierte, davon nahmen wir zunächst Abstand, es wäre aber eine Option, die Unabhängigkeit weiter voranzutreiben. In unsrem Garten, dem Haus gegenüber und südlich gelegen, besaßen wir auch eine Art Stall mit drei großen Räumen, in denen entweder das Holz gelagert oder auch kleinere Nutztiere gehalten werden konnten. Was das Überleben in der Wildnis angeht, war ich, so ließ ich mir zumindest sagen, ein Crack. Diese Fähigkeiten hatte ich mir im Laufe meiner 21-jährigen Armeezeit angeeignet. Was wollten wir also mehr? Die Krise, egal, welche, konnte kommen!

Doch nun zurück zu unsrem Häuschen. Der ehemalige Verkaufsraum, fünf auf acht Meter groß mit ebendiesen riesigen Fenstern zur Straßenseite hin, wurde mein Büro.

Anmerkung des Autors: Online Geld zu verdienen, ist eine Möglichkeit, in Schweden Fuß zu fassen, denn wie gesagt findet ihr hier oben im Norden nur sehr schwer Arbeit. Überhaupt, je mehr Einnahmequellen du hast, desto besser. Wenn diese noch unabhängig voneinander sind, Check!

Wie wir es bewerkstelligt haben, einen Internetzugang zu bekommen, möchte ich durch ein paar Worte highlighten. Da ich für meine Arbeiten als Buchautor, Kolumnist für diverse Publikationen und beginnender YouTuber einen Internetzugang brauchte, und den so schnell wie möglich, stand ich vor einem persönlichen Supergau. Um meine Videos am PC hochzuladen, besorgte ich mir zuallererst bei Elon einen mobilen WLAN-Router von D-Link (D-Link 4G LTE Mobile WiFi Hotspot). Elon ist so eine Art kleiner MediaMarkt, in dem man eben SIM-Karten, Telefone, Küchen- und diverse Elektronikgeräte erstehen kann. Natürlich konnte das nur eine Übergangslösung sein, da das Datenvolumen der SIM-Karte eines solchen mobilen WLAN-Routers gering ist. War es erschöpft, fuhr ich zu Babette. Via Vermieter verfügte sie über einen eigenen Internetzugang mit unbegrenztem Datenvolumen; das Ganze war für mich aber ziemlich stressig und aufwendig. Hier möchte ich noch einmal unterstreichen, wie wichtig es ist, sich mit Freunden vor Ort und gleich von Beginn an zu vernetzen.

Die deutsche Community ist besonders im Norden Schwedens stark vertreten. Ich für meinen Teil halte es eher mit den Schweden, bin ich doch der Meinung, dass das ausschließliche Leben in und mit der *zugereisten deutschen Community* Gefahren birgt. Gefahren, die man nicht unterschätzen sollte. Es gibt dort nicht wenig Deutsche, die sich den knallharten Realitäten beugen müssen. Sie geben auf. Marschieren nicht mehr mit ihrem Kopf. Wollen nicht mehr um Aufnahme und Anerkennung kämpfen. Schon von Weitem erkennt der gute Beobachter das Verliereretikett an ihrer Brust. Eine Verlierermentalität steckt an. Deshalb halte ich mich, Ausnahmen bestätigen die Regel, von ihnen fern.

Und die Schweden? Selbst wenn du zehn Jahre hier lebst, bist und bleibst du in erster Linie Ausländer. Das sag ich jetzt generell, wobei Einzelbeispiele zeigen, dass es auch anders geht. Anders heißt in dem Fall, dass eine gelungene und völlige Integration durchaus möglich ist. Dazu ein Ding von Mann zu Mann. Integration ist ein aktiver Prozess. Die Schweden im Norden ihres Landes haben einen verschlossenen Charakter und natürlich fühlst du dich nicht dazugehörig, wenn du nicht aufgenommen, akzeptiert bist. Doch um akzeptiert zu werden, braucht es nur einen winzigen Schritt. Und den musst du machen. Das geschieht, indem du zwar stets freundliche Zurückhaltung an den Tag legst, jedoch den ersten Step machst. Du eröffnest den Ball. Trau dich. Irgendwann bricht auch die dickste Eisscholle. Bleib dann dran. Such die *zufällige* Begegnung. Das flüchtige Gespräch. Sei dabei ehrlich und schau den Leuten ins Gesicht. Sei fleißig. Sei aufmerksam. Geh vom Ich hin zum Wir und nimm die Regeln, Gesetze und Bräuche des Landes an, mache sie zu deinen. Vor allem aber übe dich in Geduld. Das Geheimnis für deine Integration ist die Sprache. Lerne! Jeden Tag! Lass dich anfänglich nicht durch die Sprachbarriere entmutigen und zieh dein Ding durch. Zeig den Menschen durch deine Attitüde: *Ich bin hier und habe vor hierzubleiben; das hier ist jetzt auch mein Land.* Thomas Gast würde sagen: Marschier mit dem Kopf, Bruder, so kommst du schneller und sicherer voran als mit den Füßen.

Vielleicht eine Sache noch: Lüg nicht, wenn es um deine Person geht. Schweden, die hier leben, wissen bereits alles über dich. Sie wissen, wie viel du verdienst, wie viel dein Haus gekostet hat und wie du deinen Unterhalt bestreitest. Lügst du die Leute an, fügen sich die einst gebrochenen Eisschollen wieder zusammen. Bezüglich Lügen: Seit wir hier in Schweden sind (mit dem heutigen Tag fast genau zweieinhalb Jahre), wurden wir noch nie von einem Einheimischen so richtig enttäuscht oder gar belogen. Eine einzige Ausnahme habe ich im Buch beschrieben. Das war die Sache mit dem Schneewegräumen und der anschließenden Rechnung. Doch sicherlich war hier auch ein großes Missverständnis schuld, dass es überhaupt so weit kommen konnte. Von Deutschen hingegen wurde ich, seitdem ich hier bin, schon oft über den Tisch gezogen.

Zumindest fand der Versuch statt. Und ich wurde von ihnen auch schon oft belogen. Es war keineswegs so, dass ich in der Zeit mehr Umgang mit Deutschen als mit Schweden hatte. Einzelbeispiele möchte ich hier nicht nennen, obwohl ich das eigentlich sollte, denn teilweise lag eine richtiggehende, brutal kriminelle Energie in der Luft. Es steht nun die Frage wie ein Elefant mitten im Raum: Was stimmt mit den Deutschen nicht, dass sich neben der ostentativen Meckerkultur bei so manch einem sogar die betrügerische Ader bemerkbar macht? Die Frage lass ich so stehen, und nun schnell zurück zum Internet und dessen Möglichkeiten.

Was ich wusste, war, dass Schweden, was das Internet anging, auf Topniveau stand. In fast jedem kleinem Dorf in der Provinz liegen die Glasfaserleitungen *fast bredband* oder *kurz fiber* großer Anbieter. Ich fuhr also bereits nach einer Woche Präsenz in Schweden zur Sollefteå Kommun, Abteilung Stadsnät, und stellte einen Antrag auf einen Anschluss. Die PN – ich komme auf die ‚Personnummer' noch ausführlich zu sprechen – war dafür nicht notwendig. Leider stand der Winter vor der Tür. Die Grabungen sowie das Verlegen der Leitung von der Straße (wo die Glasfaserleitungen nur sechs Meter weiter entfernt verliefen) in mein Haus, konnten nur im April des kommenden Jahres beginnen. Hier täte sich die Möglichkeit auf, den Graben selbst zu ziehen, was natürlich billiger wäre, oder diese Angelegenheit ganz dem Stadsnät zu überlassen. Letzteres, also Anschluss und Grabung hätte mich insgesamt (Mehrwertsteuer inkl.) 17.400 SEK (knapp 1.550 EUR) gekostet. Ein stolzer Preis also. Um die lange Wartezeit bis April zu überbrücken, zog ich in Erwägung, mir einen Vertrag bei Telia bezüglich eines Routers und einer dazugehörenden SIM-Karte abzuschließen, um eben unbegrenzt streamen und hochladen zu können, doch *hélas*, dazu benötigte ich die bereits oben erwähnte PN. Völlig unverhofft tat sich mir diesbezüglich und nur kurze Zeit später eine Möglichkeit auf. Ich komme darauf zurück. Für unsere Handys kauften wir uns schwedische Prepaid-SIM-Karten von Comviq. Das war die einfachste Lösung: SIM-Karte einlegen, loslegen. Empfang hatten wir damit fast überall und aufladen ließen sich die Karten in jedem Coop. Jetzt aber weiter zu unsrer Ankunft und zurück zum Haus.

Dem Bad gegenüber gab es einen Raum, den wir als Schlafzimmer benutzten, und in der ersten Etage befand sich der nicht ausgebaute und noch nicht wärmeisolierte Dachboden. Dort jedoch herrschte Sommer wie Winter eine sibirische Kälte. Im selben Stockwerk fand sich ein weiteres sehr helles und gemütliches Zimmer. Jan und Helenas zukünftige Bleibe.

Kommen wir zum Thema Heizen. Wir hatten Mitte September und ich musste den Fokus auf den sich als rüde am Horizont abzeichnenden Winter legen. Uns blieb nicht mehr allzu viel Zeit. Plötzliche Kälteeinbrüche, Vorboten eines rauen Winters, waren in dieser Region Anfang Oktober gang und gäbe. Auweia, sagten Freunde, die schon länger hier wohnten, doch mental kamen wir damit bereits gut zurecht. Wir hatten die Möglichkeit, uns im Vorfeld schon darüber zu beschweren. Oder wir konnten uns darauf einlassen, den bevorstehenden Kampf gegen die Kälte annehmen. Die zweite Option entsprach eher unsrem Charakter, also sahen wir den Dingen eher gelassen entgegen. Doch es war hart. Von seiner Bauart her war das Haus nämlich eine *sommarstuga* oder ein besseres *fritidshus*, also ein Freizeitzelt für den Urlaub im Sommer. Zwar hatte die Familie vor uns dort einen Winter verbracht. Ohne zu frieren, wie man uns versicherte. Wir aber hatten Kleinkinder und die waren Extremtemperaturen nicht unbedingt gewöhnt.

Feuer konnte Diana in der Küchenhexe vorerst nicht machen, da der Schornstein kaputt war. Diese Schreckensnachricht hatte uns unmittelbar vor unserer Abfahrt aus Deutschland erreicht. Was war geschehen? Nun, das Haus stand einige Zeit lang völlig unbewohnt da und auf dem Schornstein gab es kein Kaminabdeckgitter. Irgendwann hatten sich wohl Dohlen darin eingenistet. Fakt war, der Kaminschacht war völlig dicht. Rolf, der deutsche Vermieter versicherte uns zwar, dass dieses Manko behoben sein würde, bevor wir dort einziehen würden, aber irgendwas ging wohl schief. Als wir nämlich den *Distrikt Sotare* (Schornsteinfeger) kontaktierten, um den Kamin zuzulassen, sagte er uns nach der Besichtigung, dass er uns leider nicht die Genehmigung für die Inbetriebnahme des Kamins geben könnte. Es war nichts weniger zu befürchten, als dass das ganze Haus abbrennt. Kurzum beauftragte ich eine Firma in Sachen Heizungs- und Klimatechnik und bestellte derweil kompatible doppelwandige Ofenrohre, die nicht lange auf sich warten ließen. Einige Wochen später, Freude groß, war alles bestens. Die Küchenhexe, begutachtet und vom schwedischen Schornsteinfegermeister freigegeben, konnte zum Einsatz kommen. Das war nicht zu spät, denn zu diesem Zeitpunkt hatten wir bereits kurz vor Weihnachten und schon einige Frostbeulen am Hintern, denn außer vier kleine, stromfressende mobile E-Heizungen gab es keine andren Wärmespender, von unsren immer noch höchst positiven Gedanken mal abgesehen.

Mit dem Schlafen war das einfach. Bis Mitternacht, ein Uhr war es im ganzen Haus warm. Wir hatten sämtliche Innentüren geöffnet, sodass Kamin und Küchenhexe alle noch so kleinsten Ritzen und Verstecke mit Wärme versorgen konnten. Sobald wir aber aufhörten, Holz nachzulegen, kroch die Kälte mit ihrer abscheulichen Fratze aus den Bodenfugen. Peu à peu flutete sie jeden einzelnen Zentimeter Raum und verdrängte mit grausamer Methodik das, was noch an Wärme vorhanden war. Im Schlafzimmer des Erdgeschosses schliefen Emmylou, Jophiel und wir zunächst auf Matratzen. Diese lagen auf hölzernen Bettgestellen. Zwei kleine Elektrowandheizungen hatten Schwerstarbeit zu verrichten, das Zimmer warm zu halten. Diana verbrachte den Großteil ihrer Nächte damit, Johpiel immer wieder zuzudecken, wenn er mit seinen kleinen Füßen die Decke weggestrampelt hatte. Es war einfach zu kalt. Ich kümmerte mich um Emmylou.

Nicht selten kam es vor, dass ich während der frostklirrenden dunklen Nächte aufstand, mich warm anzog und hinaus in den Garten ging. Dort blieb ich eine Weile, starrte in die finstere Nacht, lauschte der Stille, die so laut war, dass es meinen Ohren wehtat. Ich bin viel herumgekommen, doch noch nie in meinem Leben war ich an einem Ort, an dem die Nächte so finster, so still und anmutig waren. Diese Stille war perfekt. Vollkommen. Eine Wahnsinnsenergie lag in der Luft. In diesen Momenten, in denen ich hinüber zum Wald und hoch zu den Sternen blickte, wurde mir jedes Mal bewusst, wie klein ich doch angesichts des Universums war. Das lehrte mich, demütig zu sein. Nicht abzuheben und ständig an mir zu arbeiten. Niemals aufzugeben, so verzwickt die Lage, so hart der Augenblick auch war.

Als seien diese positiven Gedanken ein Geschenk des Himmels, nahm ich sie immer dankbar an, konnte meist mit einem Lächeln im Gesicht wieder einschlafen.

Der erste Winter war also brutal. Im Nachhinein bewerteten wir das als sehr aufbauend, waren wir doch nun für schwierigere Zeiten bestens gewappnet. Wir beschwerten uns nicht, fühlten wir doch tief in unsrem Herzen, dass alles richtig war, was wir taten. Um es mit den Worten von Lucas U. Kreßner zu sagen: Wer all seine Zeit mit Jammern und Klagen verbringt, hat keine mehr übrig, um etwas zu ändern.

Da die Schweden untereinander regional gut vernetzt sind, hätte es keinen Sinn ergeben, selbst Hand an den Schornstein zu legen. So was spricht sich rum und der *Sotare* hätte ihn uns womöglich nicht abgenommen. So aber habe ich eine schwedische ortsansässige Firma (möglicherweise einen guten Freund von ihm?) in den Denkprozess und in die Arbeiten involviert und gut war's. Spätestens in solchen Momenten zeigt sich auch, wie wichtig es ist, etwas Geld, und seien es nur 20.000 EUR, auf der hohen Kante zu haben.

Vermeide folgende, von Deutschen oft gemachte Fehler: Reden wir kurz über die in Nordschweden lebende, doch recht große deutsche Community. Ich verfolgte diesbezüglich von Anfang an meine eigene Philosophie und genoss damit auch die volle Unterstützung meiner lieben Frau Diana. Natürlich ist es schön, sich unter Deutschen in der gemeinsamen Sprache auszutauschen. Das birgt und bringt ein gewisses Heimatgefühl, nicht wahr? Aber sind wir denn nicht alle von ebendieser Heimat geflohen? Irgendwie doch schon, man beachte und analysiere die Gründe dafür. Was man tunlichst vermeiden sollte, wäre, hier in Schweden eine Art Staat im Staat entstehen zu lassen. Ein solcher entsteht immer dann, wenn Menschen einer Nationalität den Umgang nur unter ihresgleichen pflegen, nur ihre Sprache sprechen, sich nur untereinander austauschen, sich nur untereinander verschiedene (Schwarz-)Arbeiten oder Dienstleistungen zuschieben oder sich dieselben anbieten. Das fällt auf und stößt an. Beispiel: Als wir die Überlegungen anstellten, unseren Dachboden auszubauen, kamen auch einige, ganz in der Nähe wohnende deutsche Auswanderer ins Gespräch, die uns – von Berufswegen und vom handwerklichen Geschick her hoch qualifiziert – gegen ein Entgelt gerne geholfen hätten. Die Frage aber war: Wollten wir das? Die Antwort auf diese Frage lautete eindeutig Nein. Vielmehr stand uns der Sinn danach, schwedischen Kleinunternehmern und selbständigen schwedischen Handwerkern solche Jobs zu überlassen. Das war unsere Art und Weise, Danke zu sagen. Außerdem sprach sich so auch schnell herum, dass die *neuen deutschen Einwanderer* den Austausch suchten und keine Berührungsängste mit den Schweden hatten. Wie es zum Kontakt mit schwedischen Handwerkern und schließlich auch zum Ausbau des Dachbodens kam, war lustig. Ich würde sagen: typisch schwedisch. Völlig unverhofft klopfte eines Tages ein schon etwas älterer Schwede an meiner Tür. Er stellte sich als gelernter Schreiner vor und fragte, ob er uns dabei helfen könnte, den Dachboden auszubauen. Das Komische an der Sache war, dass wir noch mit keinem Schweden über unsren Dachboden gesprochen hatten.

Ich fragte ihn, ob er Lust auf eine Tasse Kaffee hätte.

Vill du fika?

Er bejahte und so kamen wir ins Gespräch. Danach gingen wir hoch auf den Dachboden. Er schaute sich denselben eine Weile an, zog dann einen Notizblock heraus, entwarf drei, vier Zeichnungen und stellte irgendwelche Berechnungen an. Dann erklärte er mir mit blumigen Worten, wie er vorgehen würde, wie lange er bräuchte und wie teuer mir die ganze Sache käme. Zunächst war es mir zu teuer, dafür aber hatte ich eine andere Idee. Ich zeigte ihm den Hauseingang.

Ich brauche eine neue Tür und einen überdachten Vorbau. Kannst du das auch? Ich besorge die Tür, du sagst mir, wie lange die Arbeiten dauern und wie viel mich das Ganze kostet.

Wieder zog er seinen Block. Nach nur fünf Minuten hatte ich Antworten auf meine Fragen. Ich nickte und wir schüttelten uns die Hände. Pierre, so hieß der Schwede, kam eine Woche später mit einem anderen Mann zurück.

Das ist Ole, dein Bretterlieferant. Für den Vorbau brauchst du gute, günstige Bretter. Du kannst sie dir aussuchen.

Ole hatte sein Holzwerk irgendwo in den Bergen von Tängsta stehen und genau dort fuhren wir hin. Ich suchte mir die besten Bretter aus. Sie waren von guter Qualität und dreimal günstiger als zum Beispiel bei Bygmax, dem schwedischen Baumarkt in der Stadt. Ich zahlte die Bretter im Voraus und schon drei Tage später lieferte er. Die neue Tür kam zwei Wochen später und Pierre begann noch am selben Tag mit der Arbeit. Ich sagte Pierre, dass, wenn wir mit dem Vorbau und dem Einbau der Tür zufrieden wären, er dann auch den Job für den Ausbau des Daches bekäme. Nicht sofort, aber so etwa ein Jahr später. Sicher war das für ihn noch mal so ein kleiner Motivationsschub, denn er arbeitete schnell und, insofern ich das beurteilen konnte, auch sehr gut. Diana bestätigte mir das. Sie wollte ursprünglich Schreiner werden, hatte also ein geübtes Auge für qualitativ gute Arbeit in diesem Sektor.

Kurioserweise erschien eine Woche nach der Fertigstellung des Vorbaus ein junger Schwede, der sich als Lucas vorstellte. Lucas war, wie schon sein Vater, Elektriker. Er bot sich an, die ganze Elektrik im Haus zu erneuern. Zunächst verstand ich nicht, was er eigentlich wollte.

Pierre, sagte er zögerlich.

Langsam dämmerte es mir. So ganz nebenbei hatte ich mit Pierre über das Haus und seine Problemzonen gesprochen. Die Sprache kam auch auf die Elektrizität im Haus. Damals war nicht daran zu denken, Waschmaschine und Trockner gleichzeitig laufen lassen, weil uns sonst die Sicherungen um die Ohren gesprungen wären. Ja, und hier stand er nun, unser Elektriker. Nach einer flüchtigen Bestandsaufnahme sagte Lucas, dass die ganzen Kabel erneuert werden müssten und er die Arbeit übernehmen könnte. So kam es dazu, dass wir uns aus dem Nichts heraus ein breites Netzwerk bestehend aus schwedischen Handwerkern um uns herum schufen.

Ein Wort zu den Handwerkern in Schweden, wobei ich nicht verallgemeinern möchte. Nehmen wir Lucas. Für die Arbeiten in Sachen Elektrizität fixierten wir ein Datum … *in zwei Wochen!* Was aber geschah? Lucas stand neun Wochen später mit einem großen, breiten Lächeln vor der Tür. *Können wir anfangen? Passt es heute?* Das nur, um euch zu sagen, dass schwedische Handwerker es da nicht so genau nehmen. Sie sagen grundsätzlich nicht Nein, nehmen vorsichtshalber den Job erst mal an und denken sich wohl: Aus den Augen, aus dem Sinn. Wenn du sie dann anrufst, hörst du oft schon an der Stimme, dass sie gerade gar keine Lust auf den Job und Dringenderes zu erledigen haben.

Unser Pierre war da so eine Ausnahme. Wenn er sagte nächsten Montag 05h30, dann war er auch pünktlich da. Pierre hatte dafür ein anderes Manko, wenn man denn Familiensinn als Manko bezeichnen kann. Er fühlte sich gar so wohl in unsrer kuschlig warmen Bude, dass seine Kaffeepausen länger und länger und die Gespräche privater und privater wurden. Manchmal war ich dann gezwungen, ihn daran zu erinnern, warum er überhaupt hier war.

Ein Wort noch zu diesen Handwerkern. Ihr solltet in Schweden niemals Schwarzarbeiter beschäftigen oder Schwarzarbeit anbieten. Zwar zahlen die Schweden hohe Steuern, doch alle finden, dass die Abgaben sinnvoll verwendet werden. Fangt hier nicht an zu schummeln und zu tricksen. Es bringt euch nicht weiter, wirft höchstens ein sehr schlechtes Licht auf deutsche Einwanderer.

Das gute Zusammenleben und der intensive Austausch mit den Menschen, die seit Urzeiten hier lebten, stand bei uns also im Vordergrund. Immerhin, so sagten wir uns, wohnten wir nicht in Hamburg oder Berlin, sondern im Süden Nordschwedens! Diese natürliche Vorgehensweise bescherte uns sehr schnell schwedische Freunde. Freunde, auf die wir in schwierigen Zeiten, und solche gab es bislang einige, zählen konnten. Natürlich war unser Verhalten in der deutschen Community verpönt und nicht von jedermann gerne gesehen. Das wiederum trug dazu bei, dass einige aus dieser Community uns hassten wie die Pest. Das wiederum war uns Rille. Jeder sein Leben, sagte ich mir, und wir unseres. Wir haben eine Handvoll guter deutscher Freunde in Schweden, auf die aber ist Verlass. Diana und ich wählen sehr sorgsam, wer an unserem Leben teilnehmen darf und wer nicht.

Ganz zu Beginn war ich auf Telegram in einigen Foren unterwegs, etwa *Deutsche in Schweden.* Irgendwann hatte ich jedoch diese typisch deutsche Meckerkultur satt und zog sehr schnell wieder den Schlussstrich. Manchmal kommt es mir vor, als seien viele Auswanderer direkt einem Narrenhaus entsprungen. Sie kommen in ein fremdes Land, wollen deutsche Werte eins zu eins mit rüberbringen und auf ihr Leben übertragen und fallen aus allen Wolken, wenn das nicht funktioniert. Was passiert? Ihr *Ich-möchte-Büllerbü-Ambiente-Denken* fällt wie ein Kartenhaus in sich zusammen, sie kriegen Depressionen, werden bizarr. Mein Tipp an diese Menschen: Wenn ihr nach Schweden auswandert, braucht ihr nicht nur eine neue Sprache und einen anderen Blickwindel, sondern auch eine ganz andere Denkweise.

Röd Stuga – oder: Hier ist die Welt noch völlig in Ordnung

Wir wohnen heute in einem Dorf in Jämtland. Jämtland ist eine historische Provinz ganz oben im Nordwesten Schwedens. Die Provinz grenzt im Westen an Norwegen, im Norden an Lappland, im Osten an Ångermanland und im Süden an Härjedalen und Medelpad. Mit nur drei Einwohner je km^2 gibt es hier oben, ich sage immer im *Hohen Norden*, mehr Bären, Elche, Füchse und Wölfe als Menschen. Mir persönlich fehlen fremde Menschen nicht. Bereits seit dem Jahr 2019 habe ich mit ihnen abgeschlossen, Kreuz drüber und fertig. Gründe dafür habe ich mehr als genug.

Bevor wir nach Jämtland zogen, wohnten wir, ich hatte es bereits erwähnt, achtzehn Monate lang in Åsmon. Åsmon ist ein kleines idyllisches Dorf unweit von Näsaker. Unsere Stuga mit ihren schönen, weißen Zierleisten, mit diesen großen doppeltverglasten Fenstern und hellen geräumigen Zimmern war unsere erste Etappe. Sie repräsentierte Gefühle wie ‚angekommen sein'. Endlich die Koffer abstellen dürfen. Sich freudig und erwartungsvoll umschauen. Mit klarem Blick diese für uns neue Umwelt erforschen, sie aufnehmen und in uns aufsaugen. Aufatmen wie nach einer langen, entbehrlichen Reise, aber immer den Gedanken im Hinterkopf, dass der Weg das Ziel sein könnte.

Anmerkung des Autors: *Stuga* ist der schwedische Begriff für ein kleineres Haus. Eine Stuga wird oft als Ferienhaus (*fritidshus*) genutzt und ist für harte Winter nicht unbedingt geeignet. Unsere *röd Stuga* (rotes Häuschen) war aber weit mehr, denn sie hatte alle Features, die man auch von einem richtigen Haus erwarten konnte. Fünf Zimmer verteilt auf zwei Etagen, Küche, Bad mit Dusche,

Toilette, etwas Grund und einen schönen Garten. Wir haben dieses Haus geliebt und deshalb unmittelbar nach unserer Ankunft für 'n Appel und 'n Ei gekauft. Später sind wir dann nach Jämtland, an einen anderen Ort gezogen. Jedoch, unser Häuschen in Åsmon wieder zu veräußern, kam uns nicht in den Sinn. Zu viele positive Erinnerungen waren damit verknüpft.

Tipp: Wer sich ein Haus in Nordschweden kaufen möchte, sollte dies nicht aus der Ferne tun. Nehmt sechs Wochen Urlaub, fahrt mit eurem Campingbus in die Region eurer Wahl oder mietet euch vor Ort eine Ferienunterkunft und begebt euch aktiv auf die Haussuche. Ihr müsst das Objekt selbst sehen, bevor ihr eure Unterschrift unter den Kaufvertrag setzt. Wenn ihr fest mit dem Gedanken spielt, zu bleiben, dann tretet eure Reise im Frühjahr an. So habt ihr gegebenenfalls noch genug Zeit, Land und Leute *zu leben,* euch mit den Gegebenheiten vor Ort vertraut zu machen und euer neues Heim für den Winter vorzubereiten. Ihr selbst befindet euch noch auf Urlaub, seid also im Urlaubermodus. Vergesst das nicht. Vergesst nicht, dass die Realität immer ganz anders ist. Vielleicht wäre es auch eine gute Idee, sich drei, vier Wochen zur Winterzeit hier irgendwo einzunisten. Dann nämlich, wenn draußen eine sibirische Kälte herrscht. Und sei es nur, um herauszufinden, wie ihr mit diesen Extremtemperaturen zurechtkommt. Wie unkonventionell wir unseren Umzug gemeistert haben, das erfahrt ihr ein paar Seiten später in diesem Buch. Häuser sind hier in Nordschweden nicht teuer. Preise zwischen 35.000 (Kategorie 1) und 65.000 EUR (Kategorie 2) sind üblich und dafür bekommt ihr auch etwas Ansprechendes. Wenn ich von Kategorie 1 spreche, dann ist hier ein Objekt gemeint, dem man mit etwas Liebe und handwerklichem Geschick noch ein schöneres Gesicht verpassen könnte. Vor allem mit Blick auf zukünftige Winter. Also wärmetechnisch. Natürlich darf man nicht den Fehler machen, beim Haus aus Nordschweden deutsche Maßstäbe anzulegen. Oft höre ich davon, dass Häuser über den Ladentisch an Deutsche gehen, die ein Schwede so niemals kaufen würde. Warum, das überlasse ich eurer Fantasie. Also schaut bitte genau hin. Unser zweites Haus in Jämtland erfüllt alle Ansprüche, die ein Haus, selbst wenn man durch die deutsche Brille schaut, unbedingt erfüllen sollte. Es sind keine Ausbesserungen oder Umbauten nötig. Das Haus ist warm im Winter, kühl in den heißen Sommermonaten. Nur der Saunaofen muss noch repariert werden. Ansonsten sind wir damit mehr als zufrieden. Marke: Haus am See ohne Beanstandungen!

Wie so ein Hauskauf abläuft, das erfahrt ihr im übernächsten Kapitel. Und noch was: Nutzt eure Zeit, um Schwedisch zu lernen. Lernt drei oder vier Wörter am Tag. Am Ende eures Urlaubs könnt ihr also schon achtzig bis hundert Wörter, seid somit in der Lage, Smalltalk zu führen. Als Einwanderer kannst du später an den Hochschulen einer jeden größeren Stadt auch einen kostenlosen SFI (*Svenska för Invandrare*), also einen *Schwedisch für Einwanderer*-Sprachkurs besuchen. Ich selbst habe ihn nicht gemacht. Babette, ich komme später noch auf sie zu sprechen, sehr wohl. Sie berichtete uns, dass ihr SFI-Kurs de facto ein Englisch-Schwedisch-Kurs war. Das war, ihren Worten nach, der Tatsache zu schulden, dass es in der Klasse zu viele nicht-englischsprachige ausländische Schüler gab. Denen mussten die Lehrer erst etwas Englisch beibringen, was natürlich alles verlangsamt und dem Elan und Wissensdurst der anderen einen herben Dämpfer verpasst hat.

Einen kurzen Seitenhieb kann ich mir an dieser Stelle nicht verkneifen. In Deutschland sprechen die meisten Menschen Englisch. Der Großteil davon aber beherrscht die Sprache nur mäßig. Sie wursteln sich halt so durch. Hier in Schweden sprechen alle Englisch, das jedoch auf einem eindeutig höheren Niveau. Ich würde sogar sagen, da liegen Welten dazwischen. Nach einem Jahr Präsenz im Hohen Norden kann ich mich nicht mehr daran erinnern, wie oft ich irgendwelche Leute, mit denen ich im Alltag zu tun hatte, in allerhöchsten Tönen für ihre perfekten Sprachkenntnisse lobte.

Vor unsrem erstem Haus in Åsmon lag der Wald in greifbarer Nähe. Im Wald herrschte absolute Stille, außer es war Frühjahr und die Wildgänse waren gerade irgendwo in der Nähe. Dann erfüllten ihre schrillen Schreie die Luft, gingen durch Mark und Bein. Jedes Mal, wenn ich den

Wald betrat, in ihn eindrang – denn wie ein Eindringling kam ich mir stets vor –, erstarrte ich vor Ehrfurcht. Hier müssen Waldgeister leben, dachte ich. Trolle, diese schelmischen Waldwesen, die, obwohl vor meinem Auge gut verborgen, sehr lebendig und präsent waren. Ihre nicht wegzuleugnende Präsenz erfüllte mich mit Demut. Eine schier umwerfende Energie ging von diesen unsichtbaren Gestalten aus. Da ich dem Menschen abgeschworen hatte, war ich sehr empfänglich für diese Energie, für diese Art Austausch. Der Wald gab mir, was die Menschen mir verweigerten: Ruhe, Trost, Kraft, Besinnlichkeit und Bestätigung. Bestätigung dafür, dass ich bisher in einer von Lügenmedien, falschen Freunden, digitalem Nonsens und unfähigen Politikern regierten Welt gelebt hatte. Mit jedem Kilometer, den ich in diesen schier endlosen Wäldern unbesorgt einen Fuß vor den anderen setzte, kam ich meiner inneren Mitte näher. Gerade noch dem Burnout nahe, bewirkte die alleinige Nähe zu diesem Zauberwald, dass ich plötzlich Licht am Horizont sah. Schon nach zwei Wochen fühlte ich mich kraftvoll und irgendwie beschwingt. Und dieser Elan ist bis heute nicht verflogen.

Etwas später zogen wir um. Unsere neue Heimat ist ein kleines Städtchen nur einen Katzensprung weiter nördlich von Åsmon. Auch hier finde ich diese positive Energie. Mein Büro, ebenerdig und zur Seeseite gelegen, ist winzig, doch meinen Bedürfnissen angepasst. Schaue ich vom Fenster in unsren Garten hinaus, sehe ich sehr früh am Morgen stets dieselben vier Rehe. Mit spitzen hungrigen Mäulern zupfen sie vereiste Blätter von Sträuchern und Büschen und verschlingen sie gierig. Sind ihre Bäuche voll, stapfen sie erst über den vereisten See, dann, auf der anderen Seite angekommen, Richtung Berge und Wälder. Ich schaue ihnen stets eine Weile nach, halte inne, um diese Momente in aller Stille zu genießen. Um das Hier und Jetzt in mich einzusaugen, mir zu sagen: Ja, hier ist die Welt noch völlig in Ordnung!

Wild West!

Oft, wenn ich uralte Chevrolets, Jeeps oder Cadillacs über die Straßen fegen oder Busse ähnlich den Greyhounds der USA der sechziger Jahre rumstehen sehe, bin ich versucht, mein bestes Englisch auszukramen, nur allzu gut wissend, dass alle mich verstehen würden, die Landessprache aber eine ganz andere ist. Wie einst die Wikinger in dieser Region, tragen viele junge Männer lange Bärte und rot-schwarz oder weiß-schwarz karierte Holzfällerhemden. Nicht selten kommt es vor, dass man sich plötzlich einem museumsreifen, aber voll fahrtüchtigen VW-Käfer Typ Export-Modell 1961 gegenübersieht. Doch diese alten Kisten stehen eben nicht immer nur zur Dekoration in der kühlen schwedischen Landschaft. Im Sommer gibt es Oldtimertreffen oder gar richtiggehende Volksrennen. In Gisselås zum Beispiel. Der Ort liegt nur einen Katzensprung von unsrem Domizil entfernt.

Im Winter 2022 wurden wir durch Zufall Zeuge eines privaten Autorennens auf einem zugefrorenen See. In einem Auto saßen zwei zwölfjährige Mädchen. Sie waren in Begleitung ihres Vaters. Als wir höflich nachfragten, meinte der Vater schulterzuckend:

Das ist nur eine alte Schrottkiste. Wenn die Mädels das Ding kaputtfahren, dann lassen wir es auf dem See stehen. Im Frühling, wenn das Eis schmilzt, ist das Auto dann Geschichte.

Ich hätte an dieser Stelle wohl gesagt, die Kiste wäre dann wohl Schnee von gestern, dachte mir aber: Willkommen im Norden Schwedens, dem Land aller (Un-)Möglichkeiten!

Die Menschen hier im Norden arbeiten hart. Viele sind Selbstversorger, die ihre Produkte verkaufen. Im Sommer bestellen sie ihre Felder, im Winter leben sie von dem, was sie im Herbst mühsam geerntet haben. Das Zeitfenster *Säen und Ernten* ist nur kurz, denn es gibt kaum einen Frühling, einen nur sehr kurzen Sommer, irgendwie auch so etwas wie einen Herbst und schon steht der Winter mit all seiner Härte wieder vor der Tür. Das Haus zu heizen (meist per Kamin und Küchenhexe), wird dann zum Vollzeitjob, denn die Temperaturen sind extrem. Zum Beispiel hatten wir im Dezember 2023 bis rein in die erste Januarwoche 2024 Temperaturen um die minus 40 Grad. Diese Gebiete erinnern mich also auch vom Klima her an Wild West, und hat man das begriffen, weiß oder ahnt man, dass der Wohlstand hier nicht an jeder Straßenecke lauert. Genau das aber war der Grund, warum es uns hierher verschlagen hat. Wegen der Weite des Landes. Wegen des Wild-West-Image. Wegen der zu meisternden Aufgabe. Wegen der täglichen, knallharten Herausforderungen, der Abwesenheit des wesensverändernden Wohlstands zum Trotz.

Die Menschen hier im Norden arbeiten hart? Bevor es an dieser Stelle weitergeht, möchte ich eine klare Ansage machen. Hier oben im Norden Schwedens, vor allem abseits größerer Städte, gibt es zwar Arbeit, aber nicht in allen Bereichen. Und nicht für jeden. An Jobs in Sachen Bau und Forstwirtschaft (Waldarbeiterjobs) kommt man ohne große Sprachkenntnisse relativ schnell, aber wie überall im Leben hilft auch hier reichlich Vitamin BK (BK wie Beziehungen und Kontakte). Offene Stellen werden kaum mehr via Arbeitsamt vermittelt. Sie gehen unter der Hand weg. Viele Menschen nehmen lange, lange Anfahrtswege in Kauf, um in die nächstgrößere Stadt zu ihrer Arbeitsstelle zu kommen. Das ist vor allem im Winter sehr problematisch. Bist du hingegen Rentner, vom Geldfluss unabhängig oder vielleicht in der glücklichen Lage, dass du deine jetzige Arbeit ortsunabhängig gestalten kannst: herzlichen Glückwunsch!

Der Ernst des Lebens

Da in Schweden Schulpflicht herrscht, begab sich Diana bereits eine Woche nach unserer Ankunft in das benachbarte Näsåker und stellte sich und die Kinder bei der Verwaltung der dortigen Schule vor. Es gab, soweit ich mich erinnern kann, keine Probleme. Die Kids wurden sofort eingeschrieben und schon eine Woche später begann für sie der Ernst des Lebens. Jan und Helena wurden jeden Tag mit einem Kleinbus direkt vor der Haustür abgeholt. Sowohl Schule als auch Schultaxi waren frei. Wir zahlten dafür keinen Cent.

Kinder haben in Schweden einen sehr hohen gesellschaftlichen Stellenwert. Der Umgang mit ihnen ist lobenswert. Ob klein oder groß, sie werden voll akzeptiert. Ihre Stimme zählt. Diese Tatsache erleichtert die Kommunikation zwischen Eltern und Schule um ein Vielfaches. Nichts geht über die Köpfe der Kinder hinweg. Finden Eltern-Lehrer-Gespräche statt, sind die betreffenden Kinder anwesend. Sie haben ein Recht darauf, zu hören, was besprochen oder beschlossen wird.

Was enorm ist, ich meine wirklich *enorm*, ist das Entgegenkommen der Schulen. Aus dem Wissen heraus, dass es sich um deutsche Kinder und deutsche Eltern handelt, bucht die Schule für ein solches Gespräch extra einen Dolmetscher. Das sieht meist so aus, dass die Lehrer das Gespräch auf Schwedisch oder Englisch führen, der Dolmetscher via Handy (Lautsprecher an) mithört und zeitgleich auf Deutsch übersetzt. Natürlich ist das nicht gerade förderlich, um die Sprache zu lernen, aber wenn Eltern und Kind noch gar kein Schwedisch können, dann hat das schon was. Diese Prozedur wird auch im medizinischen Bereich angewendet, so habe ich mir sagen lassen. Dann zum Beispiel, wenn der Notarzt gerufen wird und sich die Verständigung schwierig gestaltet. Hier sind uns die Schweden (die alle – ich betone es noch mal – sehr gut Englisch können) um Lichtjahre voraus.

Als wir später woanders hinzogen, hatte ich eine Zufallsbegegnung mit der Rektorin der neuen Schule. Sie war dreisprachig, beherrschte Deutsch genauso perfekt wie ich Französisch. Es war herrlich, sich mit ihr zu unterhalten und sich dabei dreier Sprachen gleichzeitig zu bedienen. Wir beide mussten sehr oft lachen, weil der eine die Frage auf Deutsch stellte, der andere diese auf Schwedisch oder Englisch beantwortete oder umgekehrt.

In Deutschland gibt es tatsächlich Hotels und Restaurants, in denen Kinder verboten sind. Erzähl das mal jemandem in Schweden. Das wird dir keiner glauben, so ungeheuerlich scheint es. Überhaupt findet man hier sehr viele Familien mit zwei, drei oder mehr Kindern. Hast du in Deutschland vier Kinder, musst du dich (bestenfalls) fast schon dafür rechtfertigen oder du rutscht (schlimmstenfalls) in die Kategorie „Asozial".

Jan sagte mir nach dem ersten Monat in der Schule, dass es drei Lehrer gibt. Davon wäre einer der Hauptlehrer. Dieser ist verantwortlich für den Unterricht. Dann gibt es noch zwei Hilfslehrer. Morgens um 09h00 Uhr bekommen die Kids ein Obstfrühstück. Mittags isst man in einer Art Mensa, oft in Form eines Büffets. Manchmal gibt es auch ein Tagesgericht (*dagens rätt*). Es wird allgemein großer Wert auf sportliche Aktivitäten gelegt. Zum Beispiel bekommen die kleineren Kinder regelmäßig Schwimmunterricht. Im Winter gehen sie zusätzlich in die Eishalle Schlittschuh fahren oder zum Skifahren auf den Pisten der Region. Auch Tablets kommen im Unterricht zum Einsatz. Einmal in der Woche erhalten wir eine Mail vom Hauptlehrer, in der die Aktivitäten der kommenden Wochen aufgelistet sind. Es ist eine Art Stundenplan direkt vom Boss. So wissen wir immer, welche Aktivitäten anstehen, und können jedes Kind dementsprechend konditionieren. Sehr oft erwische ich mich dabei, zu denken, dass ich mich als Kind hier selbst sehr gut aufgehoben gefühlt hätte. Auf Deutsch: Was für eine Schulqualität die Schweden hier bieten, ist der Hammer!

ZWISCHENDRIN

Was gefällt dir an Schweden bislang am besten, Helena?

Die Leute sind furchtbar nett!

Und was gefällt dir nicht so gut?

Die Winter dauern zu lang!

Bei Emmylou dauerte die Integration etwas länger, weil wir zuallererst einen Platz in der Kita beantragen mussten. Von Rechtswegen, und das wussten wir, sollte die Gemeinde innerhalb von vier Monaten einen Platz bereitstellen. So war es dann auch. Emmylou durfte ab sofort die Kita besuchen. Mit Blick auf Deutschland ist das ein mega Upgrade. Um in Deutschland einen Kitaplatz zu bekommen, musst du von Pontius nach Pilatus laufen. Je nach geografischer Lage und Betreuungsumfang beträgt die Wartezeit manchmal ein Jahr. Bekommst du einen zugewiesen, gleicht das fast schon einem Sechser im Lotto. Hier ist das eben nicht so.

Anfangs zögerlich, wollte Emmylou schon einige Wochen darauf sogar am Wochenende in die Kita. Immerhin hatte sie dort gute Freunde gefunden und sie begann jetzt schon damit, uns zu Hause die Ohren auf Schwedisch voll zu plappern. Emmylou lernte die Sprache spielend und mit der heiteren Leichtigkeit, die uns Erwachsenen abging, uns den Atem raubte. Im Gegensatz zu Jan und Helena mussten wir sie zur Kita bringen und sie dort auch wieder abholen. Meist verbanden wir das mit dem Einkauf im nur fünfzig Meter weiter entfernten, gegenüberliegenden Coop der Stadt. Was aber Emmylou anging, so hatte sie einmal die Woche den Emmyblues. Sie wollte an solchen Tagen nicht aus dem Haus, auch nicht zu ihren Freunden in die Kita. Das war für uns okay. Meist verbrachte sie die Zeit dann daheim bei mir im Büro, wo sie mich, mucksmäuschenstill und sichtlich fasziniert, bei der Arbeit beobachtete. Die Tatsache, dass sie wusste, dass die Kita kein Pflichtprogramm, sondern nur eine Option war, bewirkte, dass sie völlig entspannt und losgelöst war. Sie war happy. Jophiel ließen wir erst mal noch zu Hause. Unserer Meinung nach war er mit seinen zwei Jahren noch viel zu jung für die *Dagis* (Kita).

Die Personnummer. Was ist die PN, für was braucht man sie?

Schweden bekommen sie bei ihrer Geburt: die PN. Das Leben in Schweden ist anscheinend untrennbar mit dieser ‚Personennummer' verbunden. Mein Freund Christian würde sagen, ohne die *Personnummer* geht in Schweden gar nichts. Das stimmt, aber eben nicht ganz, wie wir gleich sehen werden. Einige Wochen nach unserer Ankunft in Schweden wollte ich für uns alle die PN beantragen. Die PN entspricht, wie der Name schon sagt, einer (zehnstelligen) Personennummer oder, wie wir Deutschen wohl eher sagen würden, einer Personenkennziffer. Für die Schweden ist sie Sozialversicherungsnummer und Steuer-ID gleichzeitig. Du brauchst diese Nummer, wenn du irgendwelche wichtigen Verträge abschließen möchtest, zum Beispiel einen Vertrag mit dem schwedische Mobilfunkanbieter Telia. Oder wenn du dein Kfz anmelden willst. Swish zum Beispiel kannst du ohne die PN nicht nutzen. Was Swish ist, liest du weiter unten im Text. Diana und ich haben bis dato nur die sogenannte *Samordningsnummer*. Diese erlaubte es uns, bei *Swedbank* unsere Bankkonten zu eröffnen. Die *Samordningsnummer* wird an Personen vergeben, die noch keinen Wohnsitz in Schweden haben (oder hatten), die aber, wie wir, in Kontakt mit den schwedischen Behörden sind. Den schwedischen Behörden genügte übrigens unsere *Samordningsnummer*, um die Sommarstuga in Åsmon und das Haus, in dem wir heute leben, mit legalen Kaufverträgen zu erstehen. Ihr seht also, es geht doch so einiges ohne diese hochgelobte PN. Aber grundsätzlich hat Christian recht, ihr fahrt in allen Bereichen besser, wenn ihr sie habt.

Wie schon angedeutet, zahlen die Schweden kaum mehr mit Bargeld. Das ist ihnen zu altmodisch. Lieber benutzen sie Swish. Swish ist eine App für Smartphones. Diese App wurde von den sechs größten Banken in Schweden im Jahr 2012 entwickelt. Beim Swishen werden Zahlungen in Sekundenschnelle getätigt. Ich persönlich kenne kaum einen Schweden, der diese Möglichkeit nicht nutzt. Bargeldzahlungen nehmen hier oben in Nordschweden aber gerade wieder Fahrt auf. Vor allem ältere Menschen lehnen bargeldloses Zahlen mehr und mehr ab.

Als ich das letzte Mal am Landsomberget bei Backe zum Skifahren war, ging ich zwischen den Abfahrten kurz rüber ins kleine, schnucklige Café. Als es ans Zahlen ging und ich die Kreditkarte zückte, wich die Verkäuferin entsetzt zurück:

Wir nehmen nur Bargeld!

Bargeld hatte ich keins dabei und so kam es, dass ich mir einen Kaffee umsonst ergaunern konnte.

Ich habe mal ein bisschen recherchiert und stieß dabei auf folgende Aussage: *Wer nach Schweden umzieht und sich beim Einwohnermeldeamt anmeldet, bekommt automatisch eine persönliche Identifikationsnummer zugeteilt, die* Personnummer. Nun, das kann ich so nicht bestätigen. Wie gesagt, war ich schon auf der für uns zuständigen Steuer- und Meldebehörde (*Skatteverket*), doch bislang erfolglos in Sachen PN. Beim ersten Mal, so war es Pflicht, musste ich die ganze Familie mitbringen. Mithilfe der freundlichen und äußerst geduldigen Sachbearbeiterin füllten wir (online) unzählige Dokumente aus und scannten die ein, die wir dabeihatten. Etwa drei Monate später bekam ich direkt aus Malmö Post. Ich sollte doch bitte noch dies und das und jenes Dokument nachreichen. Ach ja, ganz wichtig, der Nachweis, dass die ganze Familie in Schweden krankenversichert ist, würde auch fehlen. Ohne Krankenversicherung könnten sie den Antrag nicht bewilligen.

Da wir alle über Frankreich versichert sind (meine Jahre als Soldat und Rentenbezug), erweist sich gerade dieser Prozess – *Beschaffung des EU-Formulars S* – als sehr schwierig. Die Mühlen der französischen Behörden mahlen sicher, aber eben unendlich langsam. Entmutigt blies ich die ganze Sache zunächst mal ab, weil ich einige Dokumente nicht in der angegebenen Frist beschaffen konnte. So ließ ich das mit der PN erst mal bleiben.

Deutsche Bekannte wiederum, die sich lange Zeit nach uns in der Region niedergelassen haben, bekamen die PN problemlos innerhalb weniger Wochen. Sie waren allein, kinderlos und wohlbetucht. Was die PN angeht, so gab und gibt es sehr unterschiedliche Erfahrungen und es gab und gibt auch sicherlich unterschiedlich angewandte Prozeduren. Ich denke, dass es Fall-zu-Fall-Entscheidungen sind, wobei man immer auch die Willkür einiger schwedischer Beamter berücksichtigen muss. Man darf getrost davon ausgehen, dass die Schweden, besonders was Zuwanderung angeht, sehr vorsichtig geworden sind. Als Fremder stehst du erst mal unter Generalverdacht. Du hast die Nachweispflicht. Kannst du als Familienvater nachweisen, dass du eine sechsköpfige Familie problemlos (mit eigenen finanziellen Mitteln und ohne dem Staat auf der Tasche zu liegen) durch die Zeiten bringst, gehen den Behörden einige Entscheidung sicher etwas lockerer von der Hand. Ihr seht also, nichts, was die PN angeht, ist in Beton gegossen.

> **Tipp:** Wendet euch nach eurer Ankunft an das *Skatteverket.* Für die Anmeldung ist die Abteilung *folkbokföring* zuständig. Fragt eure schwedischen Nachbarn, sie werden euch sagen, wo ihr das *Skatteverket* findet. Tragt dort nett und höflich euer Anliegen vor und das erste Samenkorn ist gepflanzt.

Jetzt möchte ich euch noch erzählen, wie ich (ohne PN) in den Genuss eines Internetzugangs mit unbegrenztem Datenvolumen kam. Kurz nach unserer Ankunft in Schweden bekam ich eine E-Mail. Sie stammte von Christian, einem Deutschen, der, wie wir, Deutschland den Rücken zugewandt hatte und der mit seiner Frau Nicole und ihren Kindern bereits seit Jahren in Schweden wohnte. Die ganze Familie sprach schon perfekt Schwedisch. Und alle hatten die PN, die *Personnummer.* Christian und seine Familie waren, was den Umgang und gewisse Freundschaftsdienste anging, die zweite Ausnahme von unserer selbst auferlegten Regel, die da eben besagte, hauptsächlich die Geselligkeit mit Schweden zu suchen und bei Schwierigkeiten vordergründig deren Hilfe anzunehmen. Aus einem anfänglich zögerlichen, im Laufe der Zeit aber recht herzlichen und regen Austausch entstand zwischen Christian und mir eine tiefe Freundschaft. Ich, der, was Freundschaften anging, ein sehr zurückhaltender und misstrauischer Geselle war, öffnete mich dieser Freundschaft total, was nicht zuletzt Diana sehr verwunderte. Sie kannte mich, was männliche Freundschaften anging, als den einsamen Wolf, der sich in seiner eigenen Gegenwart oft mal wohler und sicherer fühlte als im Rudel.

Info am Rande: In verschiedenen Foren, Schweden betreffend, lese ich sehr oft, dass Deutsche, die eine PN bekommen, automatisch auch krankenversichert sind. Fake, würde Donald Trump sagen. Mit der *Personnummer* wird lediglich bestätigt, dass jemand amtlich in Schweden gemeldet ist. Richtig ist Folgendes: Du hast Einkünfte aus nicht selbstständiger oder aus selbstständiger Arbeit und zahlst in Schweden Einkommensteuer in das schwedische Sozialsystem? Schön. Herzlich willkommen in der Welt der Krankenversicherten. In Schweden gibt es nur eine Krankenkasse (*Försäkringskassan*) und die ist staatlich. Obwohl auch das nicht ganz stimmt, denn die *Försäkringskassan* ist nicht nur eine Kranken-, sondern allgemein eine Sozialversicherungskasse. Sie ist für die Verwaltung der sozialen Sicherung zuständig. Insofern sie in Schweden ihren Hauptwohnsitz anmelden, nehmen Rentner (Altersrentner) eine Art Sonderstellung ein. Der Nachweis, dass sie sich mit ihren Renteneinkünften in Schweden problemlos selbst versorgen können, und der gleichzeitige Beweis, dass sie auch über eine deutsche Krankenversicherung verfügen, genügt an und für sich, um die *Personnummer* zu bekommen. Hier muss dem zuständigem *Skatteverket* allerdings ein Versicherungsnachweis in Form des bereits erwähnten EU-Formulars S1 vorgelegt werden. Gehst du zum Arzt, wird eine Praxisgebühr fällig. Die liegt bei etwa 100 SEK, also etwas weniger als 10 Euro. Spezialist (Facharzt) und Krankenhaus verlangen das Doppelte. Geht es dann zum Orthopäden oder zum Optiker, zahlt der Kunde (Patient) sehr viel selbst. Nach meinem letzten Wissensstand bezahlt man in Schweden seine Medikamente selbst. Das zumindest so lange, bis ein Betrag von 2.300 SEK erreicht ist.[2]

Dann wird man von der Zuzahlung befreit. Auch bei der Medikamentenvergabe wird alles über die PN reguliert. Meist bekommt man kein gedrucktes Rezept mehr. Die PN wird an die Apotheke deiner Wahl weitergeleitet, und bei Angabe der PN und Blick auf den PC weiß die Apotheke sofort Bescheid.

Christian, umgänglich, smart und überaus freundlich, ist ein IT-Crack und eine Koryphäe in Sachen Mathematik. Was die *Charlie-Sache* und später auch den Ukrainekrieg anging, positionierte er sich knallhart und in seinen Ansichten und Analysen erkannte ich mich problemlos wieder. Hatte ich ein Problem mit dem PC oder verstand ich die komplexen Zusammenhänge der IT-Welt schlecht oder gar nicht, dann war Christian der richtige Ansprechpartner. Doch auch so, fernab aller Technik und weg vom Schmieden revolutionärer Komplotte, war es einfach schön, sich als Mann gedanklich fallen zu lassen, wenn die Seele danach schrie.

Irgendwann, ich war gerade bei ihm zu Besuch, kamen wir auf meinen YouTube-Kanal und die damit verbundenen Internetprobleme zu sprechen. Ihm gefiel es gar nicht, dass ich mich in einer ernsten Sache wie dieser quasi in die Abhängigkeit anderer begeben musste. Kurzum griff er zum Telefon und führte eine recht lange Unterhaltung auf Schwedisch. Als er auflegte, grinste er über beide Backen.

Deine SIM-Karte kommt nächste Woche, der Vertrag läuft über mich und über zwei Jahre und ein alter Router steht bei mir auch noch irgendwo rum!

Wow! Das saß! Er und seine Familie hatten mehrere Verträge bei Telia (zur Erinnerung, Telia ist der führende Anbieter von Telekommunikation und mobilen Netzwerken in Skandinavien), deshalb diese völlig unproblematische und erfolgreiche Prozedur.

---

2 https://www.gehaltsvergleich.com/news/laendervergleich-schweden-arbeit-gehalt-und-leben

Wir bleiben hier!

Die Entscheidung, Deutschland zu verlassen, war richtig. Dieser Gedanke überkam mich jeden verdammten Tag immer dann mit aller Macht, wenn ich die Augen meiner Kinder sah. Sie strahlten. Sie waren glücklich hier in Åsmon. Fern der Großstädte und abseits der damit verbundenen Probleme (Kriminalität, Drogen, Luftverschmutzung, Lärm, um nur einige zu nennen) lebten und wuchsen sie wohlbehütet in dieser ländlichen Gegend mitten im Nirgendwo auf. Irgendwann, und das wussten wir, würden sie ein Alter erreichen, in dem es sie in die Städte ziehen würde. Ein Alter, in dem ihnen die Stille zu laut und die Einsamkeit zu erdrückend sein würde. Auch sie würden dem Drang, einen Partner und einen Beruf zu finden, auf Dauer nicht widerstehen können, wobei wir, was gerade diese beiden Punkte angeht, bei dem ein oder andren unserer Kinder noch Zweifel hatten. Doch alles zu seiner Zeit.

Und Zeit war es auch, sich kurz bei den Nachbarn vorzustellen. Diana buk zu diesem Zweck Brot. Echtes, selbst gebackenes Sauerteigbrot. Ich gebe zu, dass sie einige Mühe hatte, uns Räuberbande davon fernzuhalten. Es war so köstlich und roch so betörend, dass die Kinder und ich ständig um die sechs frisch aus dem Ofen geholten warm dampfenden Laibe kreisten. Jede Nachbarsfamilie kam in den Genuss von Dianas Backkünsten. Die Zeichen waren somit gesetzt und die Nachricht war folgende: Hier sind wir und hier bleiben wir! Selbst als wir später weiter nördlich zogen, sollte unsere Präsenz in diesem kleinen Ort nicht ganz fehlen, denn wie gesagt haben wir vorerst nicht vor, das Häuschen zu verkaufen.

Aus den Erfahrungen der ersten eiskalten Winterwochen klug geworden – wir hatten Temperaturen um die 36 Grad minus erlebt –, erstanden wir Mitte Dezember einen zusätzlichen Kamin mit großem Sichtfenster für die Wohnküche. Rolf, der deutsche Vermieter, der mit seiner Familie Schweden bald verlassen sollte, half beim Einbau. Auch hier musste erst der Schornsteinfegermeister persönlich die Inbetriebnahme genehmigen. Da er uns aber schon kannte, war das eigentlich nur noch eine Formalität. Die gleiche Prozedur vollzog sich einen Monat später in meinem Arbeitszimmer. Hier gestatte ich mir einen kleinen Kamin. Der strahlte zwar eine gemütliche Wärme aus, konnte jedoch die eisige Februarkälte nicht gänzlich wegleugnen und so installierte ich mir zusätzlich eine Infrarotheizung.

> **Anmerkung des Autors:** Ein Schornstein oder Schlot = eine Leiter! Wir hatten jetzt also die Küchenhexe und eben diese beiden zusätzlichen Kamine. Für jeden der dreien, so sagte uns der *Sotare*, brauchten wir eine Leiter. Auf dem Dach selbst mussten Stufen aus Metall sein, die bis zum jeweiligen Schornstein hinaufführten. Beim Schnittpunkt Dachrinne–Dach sollten sich Haken befinden, an denen man die Leiter einhaken konnte, damit sie nicht wegrutschte. Kommt der Schornsteinfeger und die Leiter fehlt, dreht er um und fährt wieder weg. So einfach ist das hier. In unserem Fall jedoch (drei Schornsteine) – so versicherte uns der *Sotare* – würden zwei Leitern, insofern sie beweglich waren, völlig ausreichen.

Während der Winterstürme und der massiven Schneefälle im Januar 2024 wurde ein Kaminrohr auf dem Dach unseres Hauses in Åsmon abgerissen. Diana entdeckte es, als sie einige Tage des Nachdenkens dort verbrachte. Ein paar Tage später fuhr ich selbst hin und sah mir den Schaden an. Ich stellte fest, dass es nicht der Wind, sondern die Schneemassen waren, die das Rohr förmlich aus der verschraubten Fassung gezerrt hatten. Ich besorgte Teer- beziehungsweise Dachpappe und einen Bunsenbrenner und versiegelte das Loch, damit kein Wasser hineinsickerte. Danach telefonierte ich mit dem *Distrikt Sotare* (Kaminkehrer), der sowieso bald vorbeikommen musste, um Kaminrohre innen und außen und die dazugehörenden Öfen zu inspizieren.

Montag in genau drei Wochen zwischen acht und elf, sagte er.

Als er dann drei Wochen später überpünktlich vor mir stand, hatten wir ein kurzes, aber höchst interessantes Gespräch, das wir teils auf Englisch, teils in seiner Muttersprache führten. Hauptthema war das abgerissene Kaminrohr.

Bestell dir ein neues, sagte er. *Bau es ein und dann ist es gut.*
Und die Abnahme? Eine Inspektion deinerseits?
Ist schon gut. Das machen wir beim nächsten Termin klar. Und da das jetzt deine Sommarstuga *ist, wäre der erst in drei Jahren.*

Ich hakte nach.

Ich meine, musst du Rohr und Kamin nicht erst prüfen, bevor ich ihn in Betrieb nehme?
Ruf an, wenn das Ding wieder funktioniert, und ich komm vorbei, wenn ich Zeit habe.

Angesichts dieser einen Konversation unter Hunderten, die ich mit Schweden geführt habe, möchte ich die praktische, einfache und unkomplizierte Art und Weise hervorheben, wie einige Dinge hier oben irgendwo im Nirgendwo angegangen werden. Doch das Gespräch war noch nicht zu Ende. Ich war neugierig und fragte ihn, wie viel er denn verdiene. Er zögerte zuerst, antwortete dann aber.

Etwas über 30.000 SEK.
Was bleibt davon übrig, wenn du die versteuert hast?
Zwei Drittel, etwa 22.000 SEK.

Das waren damals umgerechnet 2.635 Euro.

Kommst du damit über die Runden?
Klar. Ich habe zwar drei Kinder, um die ich mich kümmern darf, aber mein Haus ist abbezahlt.
Bist du verheiratet?

Er schüttelte den Kopf. Ich fand das höchst interessant, löcherte ihn schamlos weiter.

Präsentieren diese 30.000 SEK in etwa ein normales Gehalt hier in Nordschweden?

Kann man so sagen, antwortete er. *Manche machen mehr, manche auch weniger, aber dreißig Riesen sind so die goldene Mitte für einen Handwerker wie mich.*
Hat hier denn jeder in deinem Alter schon sein eigenes Haus?

Er nickte. *Fast jeder. Das ist normal.*

Ich nahm ihn beim Wort. Das Gespräch ging noch eine Weile so weiter, bis er sich dann mit dem landestypischen *Hej då* wieder auf die Socken machte. Die Kernaussage ist folgende: Der ledige oder geschiedene oder in einer Beziehung lebende Kaminkehrer war etwa zweiundvierzig Jahre alt. Er besaß ein Haus, das er längst abbezahlt hatte. Sein Nettoeinkommen betrug in etwa 1.800 Euro und damit kam er, seinen eigenen Aussagen nach, gut über die Runden. Persönlich finde ich es gut, dass sich junge Menschen in seinem Alter bereits Hausbesitzer nennen dürfen. Das nimmt den Druck vom Kessel. Sollte er von heute auf morgen arbeitslos werden, könnte er mit dem, was er dann vom Staat an Arbeitslosengeld bekäme, zunächst gut leben und ganz entspannt auf Jobsuche gehen. Etwas Eigenes zu besitzen, darf in meinen Augen nicht das Privileg eines hohen Alters, einer gewissen Berufsgruppe oder des hohen Verdienstes sein. Nirgendwo in Europa. Doch genau das Gegenteil ist leider der Fall. Sucht mal in Deutschland nach Menschen (Handwerker, Verkäufer, Krankenpfleger etc.) im Alter zwischen fünfunddreißig und fünfundvierzig, die schon eine eigene, abbezahlte Immobilie besitzen: Viel Spaß bei der Suche!

Anbei noch eine kurze Reflexion. Neulich hörte ich von einem deutschen Unternehmer, der eine Firma im Randgebiet Moskaus besaß. Unter anderem arbeitete ein junges russisches Paar bei ihm. Er, der Mann, verdiente etwa 600 Euro, sie circa 900 Euro. In Russland kommt es nicht selten vor, dass die Frau mehr verdient als der Mann. Nach zehn Jahren Arbeit in seiner Firma hatten es die beiden geschafft, so viel Geld beiseitezulegen, dass sie den Kredit für ihre Eigentumswohnung abbezahlen konnten. Es waren junge Leute, höchstens um die zweiundvierzig, dreiundvierzig. Überträgt man das russische und nordschwedische Beispiel auf deutsche Verhältnisse, so wird schnell klar, dass in Deutschland, zumindest was Eigentum in Verbindung mit jungem Alter angeht, so einiges im Argen liegt. Habe ich euch getriggert? Schön!

Jophiel an meiner Seite, ging ich gerne und oft in Åsmon spazieren. Mein Sohn wunderte sich stets über die sorgsam an der Straße aufgereihten azurblauen Briefkästen. Ihm fiel auf, dass, anders als in Deutschland, die ebenfalls blauen Postautos das Steuer auf der rechten Seite hatten. Kaum stellte ich mir während des Spaziergangs selbst die Frage, warum das so war, fuhr auch schon ein Postauto an uns vorbei und hielt mit quietschenden Reifen vor den Briefkästen an. Der Postbote stieg nicht etwa aus. Nein! Er ließ einfach das Fenster herunter, steckte, ohne das Auto zu verlassen, von seinem Sitz aus drei Briefe in die Briefkastenschlitze und fuhr wieder los. Das Rätsel war gelöst. In allen ländlichen Gegenden stehen die Häuser in Schweden sehr weit auseinander. Die Briefkästen jedoch findet man direkt an der Hauptstraße. Sitzt der Fahrer rechts, braucht er also nicht mehr auszusteigen, um die Post einzuwerfen.

Der Gang, um einen Brief abzuholen, artet oft zu einer regelrechten Sportsession aus, denn es ist nicht selten, dass es zwischen Haus und Briefkasten eine Distanz von mehreren Hundert Metern zu bewältigen gibt. Alle Briefkästen der Straße werden in einer dicht beieinanderstehenden Briefkastenzeile zusammengefasst. So einfach ist das. Schlösser wirst du an den Briefkästen umsonst suchen. Man vertraut einander.

Als wir später im neuen Haus wohnten, bewunderte ich, mit welcher Freude und mit welchem Elan unsere Nachbarin den Schnee um die Briefkästen herum wegschaufelte. Einmal streckte ich sogar den Daumen nach oben, als sie, die Backen rot und keuchend, zu mir herüber sah. Was ich für ein Lächeln hielt, war keins. Doch das erfuhr ich erst, als zehn Minuten später mein Handy klingelte. Es war Nicole.

Deine schwedische Nachbarin findet es scheiße, dass sie den Job allein machen muss!

Wieder was gelernt. Seitdem stehe ich, wie alle Schweden hier im Dorf auch, Punkt 06h30 mit der Schneeschaufel in der Hand vor den Briefkästen und schippe Schnee.

Mit der Post haben wir schon einiges erlebt. Mitte Dezember zum Beispiel schickte mir mein Verlag Bücher. Einen ganzen Karton voll. Zuvor hatte ich via YouTube ein Gewinnspiel gemacht. Die Gewinner standen fest, doch die Bücher kamen und kamen nicht. Zunächst dachte ich, dass der Verleger vergessen hätte, mir die Bücher zu schicken, doch dem war nicht so. Ende Februar erhielt ich den Karton. Er hatte Schweden mehrmals umrundet, nur um dann irgendwann halb zerfleddert vor meiner Tür zu liegen. Aber okay. Ich habe Schlimmeres gesehen. In Korsika zum Beispiel. Da erhielt ich im April 1999 eine Weihnachtskarte. Sie war von einem Fallschirmjägerkameraden aus Deutschland. Als ich das Datum auf der Briefmarke sah, musste ich grinsen. Dort stand 12.12.1997. Beim Freund nachgefragt, bestätigte er mir das Datum.

Ob der Kälte fror uns ab und zu die Wasserleitung in der Küche ein. Einer von uns musste sie dann enteisen. Glaubt mir, es gibt Schöneres, als eine halbe Stunde lang auf allen Vieren, den Föhn in der Hand, das Wasser wieder zum Fließen zu bringen. Irgendwann hatten wir den Bogen raus. Man musste einfach den Wasserhahn so einstellen, dass er leise und beharrlich vor sich hin tröpfelte. Natürlich war das nur eine temporäre Lösung, denn einer von uns vergaß das immer. Wir besorgten uns daher eine Art Rohrbegleitheizung (*Värmekabel* oder *Frostskyddskabel*) und das Problem war zunächst gelöst.

Die Nachbarn sind alle sehr freundlich. Ich meine, sie sind immer freundlich. Was sie denken oder hinter verschlossenen Türen offen diskutieren, darüber kann ich nur spekulieren. Und sie sind sehr hilfsbereit. Ich kann mich an eine Szene im ersten Frühjahr erinnern. Mein Ford Transit sprang nach den langen Wintermonaten zwar wieder an, doch er steckte mit den Reifen im Eis fest.

Einer meiner Nachbarn, ein Mann von siebzig Wintern, sah aus der Ferne schweigend zu, wie ich vergeblich versuchte, das Fahrzeug aus dem Eis zu befreien. Irgendwann, ich hatte gar nicht aufgepasst, stand er plötzlich mit seinem Bagger hinter mir. Er gestikulierte wild mit den Armen. Ich solle doch bitte für einen Moment zur Seite gehen. Das getan, schob er meinen alten T-777 aus dem Eis. Es fiel kein einziges

Wort. Ich hatte nicht einmal die Gelegenheit, ein Dankeschön anzubringen, schon war der alte Mann wieder verschwunden.

Zwei Wochen später – derselbe Mann hatte aus welchen Gründen auch immer einen riesigen Schneeberg auf meinem Grund und Boden angehäuft – bekam ich eine Fuhre Holz geliefert. Da der Platz, der für das Holz vorgesehen war, aber plötzlich voller Schnee war, tat sich da ein Problem auf. Ich ging also zur schwedischen Nachbarin und fragte höflich nach, ob ihr Mann (der Mann von siebzig Wintern) den Schneehaufen von meinem Grundstück wieder entfernen könne. Ihr Mann stieg also wieder auf den Bagger: Es dauerte keine zwei Minuten und das Problem war buchstäblich Schnee von gestern.

Wunder über Wunder lag noch am selben Tag ein Brief in meinem azurblauen Briefkasten. Er war von ebendieser Nachbarin. Es handelte sich um eine Rechnung: 330 Euro (nicht SEK, sondern Euro, ihr lest richtig) für eine Stunde Schneeräumarbeiten! Natürlich überstieg das mein Verständnis. Auf Deutsch, ich war richtig angepisst. Erstens hatte ich keinen Auftrag gegeben, sondern höflich um Abhilfe gefragt. Zweitens hatte der Nachbar diesen Schneeberg ungefragt auf meinem Grundstück abgeladen, ich fand es also ganz normal, dass er ihn auf Anfrage wieder schnellstens entfernt. Drittens hatte die Arbeit nur zwei Minuten gedauert. Das alles machte, dass der Gaul mit mir durchging. Diana musste mich davon abhalten, das nachbarliche Haus zu stürmen, um meinem Unmut freien Lauf zu lassen. Das war gut so. Nach einem Kaffee und einem guten Gespräch hatte sich mein Puls normalisiert. Ich ging an meinen Rechner, überwies diese 330 Euro. Nicht aber ohne den ironischen Vermerk *Nachbarschaftshilfe* in der Spalte Verwendungszweck. Fakt war, dass die Frau uns Deutsche eben nicht leiden konnte. Wäre es nur nach ihrem Mann gegangen, null Problem. Seine Frau hatte eben nicht nur die Hosen an, sondern auch Haare auf den Zähnen. Doch damit, so sagte ich mir, muss nicht ich, sondern er, und zwar bis ans Ende seiner Tage, leben.

Sie kommen und sie gehen wieder! Hauskauf in Schweden

Probleme folgen den Menschen überallhin. Auch nach Schweden, liebe Leser. Bevor ich also dieses Kapitel öffne, teile ich euch meinen Kerngedanken zu bestimmten *problembehafteten* Dingen mit. Vielen Menschen mit Auswanderwunsch geht es nicht um Schweden. Auch nicht um Paraguay, Spanien oder um Thailand. Vielmehr geht es ihnen darum, wegzukommen von da, wo sie gerade sind. Weil das Glück nicht beim Rendezvous ist. Weil irgendwo in ihrer Seele der Schuh drückt, und zwar ganz gewaltig. Babette zum Beispiel zog ihr Leben lang von einem Ort zum nächsten. Sicherlich ist sie immer noch unterwegs. Wie ein verirrtes Lämmchen, den Sohn im Gepäck, sucht sie nach innerem Frieden. Solange sie den nicht gefunden hat, wird sie wohl nirgends richtig glücklich werden. Da muss erst eine Wunde heilen. Die Wunde, die andere ihr zugefügt haben, als sie noch Kind war. Und ein Knoten muss sich lösen. Der Knoten, der verhindert, dass sie sich endlich frei und glücklich fühlen kann, und zwar überall auf der Welt. Babette ist jetzt nur ein greifbares Beispiel. Viele sind es, die da denken, oh, ich wandere nach Schweden aus, denn dort geht es mir viel besser. Das ist deshalb schon ein gewaltiger Trugschluss, weil sie die Probleme mitnehmen. Und zwar überallhin! Ihre Probleme verstecken sich in den Tiefen ihrer Gepäckstücke und kommen beim Auspacken derselben immer wieder zum Vorschein. Zum Beispiel wenn sich die Einsamkeit einstellt. Spätestens aber dann, wenn der Blick in den Spiegel ihnen die Maske vom Gesicht reißt.

Jeder, der nach Schweden auswandern will, sollte sich sehr genau überlegen, warum dem so ist. Wenn die Antwort ausschließlich darin liegt, dass man das Leben in Deutschland aufgrund persönlicher Probleme hinter sich lassen möchte: Stopp! Bei uns, wie ihr anfangs bereits lesen konntet, war das ansatzweise so. Aber ich brauchte auch neue Horizonte. Mir fehlte die Weite einer Landschaft, wie Schweden sie uns bieten konnte. Uns allen fehlte die Natur. De facto sind wir in einem gewissen Maß von etwas davon, aber im selben Maß auch zu etwas hin gelaufen. Flucht vor persönlichen Problemen, so lasst euch sagen, hat immer einen bitteren Nachgeschmack.

Der Norden Schwedens ist nichts für Weicheier. Kälte und Einsamkeit stellen eine ungeheure Herausforderung für Körper, Seele und Geist dar. Das Land ist rau und kann einen Mann brechen. Viele Deutsche haben, wenn's ans Auswandern nach Schweden geht, sehr romantische Vorstellungen. Ihnen steht der Sinn nach einem allein stehenden, einsamen Häuschen. Am Fluss oder an einem See. Es soll bitte viel Land dabei sein und abseits aller Nachbarn mitten im Nirgendwo stehen. Blumig, meist begleitet von butterweichen Gesten, reden sie von ihrem Traum. Vom bevorstehenden Abenteuer: von der absoluten Freiheit in der Natur. Sie reden davon, dass jetzt alles besser wird. Ihre Gesichter sind glatt und voller Vorfreude. Nach all diesem Stress in Deutschland verstehe ich das. Aber wir haben sie kommen und wieder gehen sehen. Diese unverbesserlichen Romantiker.

Diana und ich schlossen bei dem ein oder andren sogar Wetten ab. Wie lang er oder sie denn bleiben würde. Im Paradies, das im Winter zur Hölle ausarten konnte. Meist gewann Diana, denn ich bin von einer Kämpferseele animiert, kann mir nicht vorstellen, dass Menschen so schnell aufgeben. Viele dieser Menschen kommen im Spätsommer. Sobald Eis und Schnee sie ausspucken, sind sie wieder weg. Für immer. Still geworden. Nachdenklich. Empört. Die Gesten eckig. Die Gesichter hart und kantig geworden, packen sie die Koffer und gehen.

Was ist passiert?

Im Winter versinkt Schweden teilweise im Schnee. Vierzig Zentimeter Neuschnee über Nacht sind in einigen Gebieten knallharte Realität. Fast alle der oben beschriebenen Romantiker haben Kinder. Mit den selbst ausgesuchten Parametern wohnen sie abseits der Hauptstraße.

Diese führt generell zu Schule und Kita. Doch die zwei Kilometer vom einsamen Häuschen bis zur Straße gleicht im schwedischen Winter der Strecke von der Erde zum Mond. Beginnt die Schule um acht, müsste Papa oder Mama je nach Location um halb fünf aufstehen, den Anfahrtsweg zur Straße freischaufeln oder -räumen. Daran denken die wenigsten. Natürlich kann man sich mit Bitte um Hilfe an den Nachbarn wenden. An den schwedischen Bauern. Aber wollte man denn nicht … *ein Häuschen mitten im Nirgendwo, abseits von dem, was man geläufig Nachbarn nennt?*

Nun haben wir die Erfahrung gemacht, dass es nur Vorteile mit sich bringt, einige Nachbarn in unmittelbarer Nähe zu haben. Von den Schweden, ob in Åsmon oder an unsrem neuem Wohnort, hat fast jeder zweite einen Schneepflug. Sie helfen gerne und nur die wenigsten lassen sich diese Hilfe auch bezahlen. Selbst wenn, sind die Kosten übersichtlich. Ohne geht es manchmal nicht. Außer ihr legt euch selbst einen Schneepflug oder eine Schneefräse zu. Fazit: Das Leben im Dorf hat vitale Vorteile und so sollte die Romantik, vor allem wenn man Kids hat, zunächst hintanstehen.

Bei den oben genannten Schwierigkeiten handelt es sich um Herausforderungen, die man – gute Koordination und gute Vernetzung vorausgesetzt – ganz gut handeln könnte. Was aber die meisten nicht in den Griff kriegen, ist der psychologische Faktor. Sie stehen sich in der Einsamkeit selbst gegenüber. Blicken in einen Spiegel. Sind urplötzlich nur mit sich und ihren Gedanken konfrontiert. Wenn sie es nur wollten, könnten sie sehr viel über sich selbst lernen, doch der Mut ist nicht immer beim Rendezvous. Die Winter sind lange und die Dunkelheit omnipräsent. Es gibt keine großartigen Ablenkungen, außer man schafft sie sich selbst. Mal schnell ins nächste Café, zu Freunden oder ins Kino gehen, ist einfach nicht drin. Es gibt sehr viele Menschen, die sich einfach nicht mit sich selbst beschäftigen können. Die sich in ihrer Ein- oder Zweisamkeit zu Tode langweilen. In der Stille und angesichts plötzlicher Leere und der immensen Fülle von Zeit müssten sie sich gegebenenfalls Fragen stellen, denen sie ihr ganzes Leben lang ausgewichen sind. Manch einer möchte ob der herrschenden Dunkelheit schlafen gehen, nimmt nach einem Blick auf die Uhr aber wieder Abstand davon. In Gedanken war er bei elf Uhr nachts, die Uhr aber zeigt vier Uhr dreißig. Und die Gedanken kreisen weiter und weiter und weiter.

Dann ist es auch so, dass die meisten allein stehenden Häuser einen Kamin haben. Man heizt mit Holz. Vielen Deutschen, die ich kenne, sind minus zwanzig Grad schon viel zu viel. Hier aber gibt es durchaus Tage und Nächte, in denen das Quecksilber bis auf Temperaturen um die minus 40 Grad fällt. Während solcher Kälteperioden zielt der Tagesablauf ausschließlich darauf ab, das Haus warm zu halten. Das kostet nicht nur Geld, sondern vor allem auch viel Energie. Und einen eisernen Willen. Wir haben es erlebt. Das ist brutal und hat weniger mit Romantik als mit purem Überleben zu tun. Dazu kommt der soziale Faktor. Dann nämlich, wenn die Kinder irgendwo im Nirgendwo (außer in der Schule oder in der Kita) kaum Kontakte haben. Sie vereinsamen schnell. Sie sagen es euch nicht immer, werden oft einfach seltsam still, ihre Augen, Zeugen einer nicht ausgesprochenen Sehnsucht, dunkel und matt. Seid bitte nicht eigennützig, sondern achtet auf die Kinder.

ZWISCHENDRIN

Was gefällt dir an Schweden bislang am besten, Jan?

Big Deal, denn ich habe hier zwei Freunde fürs Leben gefunden. Außerdem kann ich mein Fahrrad ohne Schloss vor der Schule abstellen, hier klaut keiner. Ansonsten angle ich gerne. Seen und Flüsse gibt es, so weit das Auge reicht. Ich kann mir aussuchen, wo ich angeln möchte.

Und was gefällt dir nicht so gut?

Die Winter sind zu lang!

Du reparierst mein Auto, ich schlachte deine verdammten Hühner

Wenn jemand mit dem Gedanken spielt, nach Nordschweden auszuwandern, dann darf er gerne etwas handwerkliches Geschick mitbringen. Frauen sollten diesen Gang nicht solo antreten, denn sehr oft hängt vieles von der puren Manneskraft ab. Es müssen Dinge gemacht werden, die eine Frau unmöglich allein stemmen kann. Die Rede ist von Ausbesserungen an Haus und Hof. Von stundenlangem Schneeschippen, vom Holzsägen und -hacken und vom Feuermachen. Wenn rund ums Haus auch noch eine Art Selbstversorger-Community entstehen soll, ist nicht nur Genie, sondern auch Kraft und Durchhaltevermögen gefordert. Und etwas Mut.

Zwei liebe deutsche Nachbarn, ich komme später noch auf sie zurück, halten Hühner. Die Eier verkaufen sie. Nun mussten einige Hühner geschlachtet werden. Da sie wussten, dass ich von Beruf Metzger bin, kontaktierten sie mich. Ich hörte mir ihr Anliegen an, sagte sofort zu und machte den Job schnell und professionell. Der Mann, Ben, war ein hervorragender Mechaniker. Auto reparieren hingegen war gar nicht mein Ding. Also entstand da eine runde Sache. Du reparierst mein Auto, ich schlachte deine verdammten Hühner. So geht das eben hier in Nordschweden. Irgendwann fühlst du dich wie ein Siedler oder ein Pionier.

Schlussendlich komme ich zu einer sehr wichtigen Angelegenheit. Den ganzen Sommer über konnten wir beobachten, wie die Nachbarn fast schon frenetisch, immer aber voller Hingabe ihren Rasen mähten. Das auf keinen Fall zu überschreitende Standardlängenmaß schien ein Zentimeter. War das Gras einen Millimeter länger, hörte man augenblicklich sämtliche Rasenmäher im Dorf auf Volltouren laufen. Rasenmähen, so dachte ich mir, ist hier sicher eine Art Volkssport. Eine Challenge. Selbst wenn das Grundstück nur vier auf vier Meter groß ist, hat jeder, der was auf sich hält, so eine Art Aufsitzmäher. Ein Teil also, das aussieht wie ein Volvo, nur eben, dass Husqvarna draufsteht. Ich fand's übertrieben, stellte aber mit der Zeit und nicht ohne Belustigung fest, dass ich, jedes Mal, wenn ich in der Stadt war, instinktiv nach einem Rasenmäher Ausschau hielt. Und das so lange, bis einer in meiner Garage stand und auch ich die Grashalme mit dem Metermaß auf ihre Länge inspizierte. Nun gut. Ich prahle etwas. Aber eins hatte ich begriffen. Wenn du dazugehören willst, musst du Opfer bringen. Und sehr oft über deinen eigenen Schatten springen.

Diesen schwedischen Ordnungssinn in allen Ehren, möchte ich dennoch auf ein Paradox hinweisen. In nicht wenigen Gärten rund um Åsmon stehen alte Autowracks. Teilweise handelt es sich um *Kadaver*, die bereits hundert Jahre und älter sind. Warum man diese verrosteten Autos nicht entsorgt, entzieht sich meiner Kenntnis. Vielleicht ist es zu teuer? Gehe ich in den Wald zum Filmen, stoße ich auch dort hier und da auf Autowracks. Mitten im Wald. Das alles scheint die Schweden nicht zu stören, beißt sich jedoch gewaltig mit dem oben erwähnten Ordnungssinn.

Wenn wir schon beim Thema Ordnung sind, machen wir doch gleich damit weiter. Es scheint so, dass in einer Lebensgemeinschaft Frau und Mann gleichermaßen arbeiten. Weil sie das müssen. Weil adäquate Sozialleistungen vom Staat fehlen. Vielen fehlt das Geld. Aus diesem Grund und weil dann daheim niemand mehr ist (alle auf der Arbeit), bringt man die Kleinsten schon im frühen Alter in die Kita. Erst spät nachmittags werden sie wieder abgeholt. Da fast jeder ein Haus besitzt, man von Job wegen aber über wenig Zeit verfügt, herrscht, was den Ordnungssinn angeht, einfach mal Flaute. Es ist zu viel. Vor allem die jungen Paare schaffen das nicht. Ich kann das sehr gut nachvollziehen, denke auch, dass hier ein Lösungsansatz von Nöten wäre, der den enormen gesellschaftlichen Druck von den Schultern der Eltern nimmt.

Das Land hat sehr viele Besonderheiten. Zum Beispiel dürfen Jugendliche bereits mit fünfzehn Auto fahren. Legal. Dahinter steckt ein altes Traktorgesetz. Das Auto wird umgebaut, der Motor gedrosselt. 30 km/h sind mit diesen A-Traktoren erlaubt. Dann ist es Pflicht, hinten ein sehr gut sichtbares Warndreieck zu montieren. Unabhängigkeit pur, sage ich mir, zumal die Jugendlichen auf diese Weise die Strecke von Dorf A zu Dorf B motorisiert zurücklegen können. Und da hier auf dem Land nur alle gefühlt zehn Minuten mal ein Auto vorbeifährt und man das Warndreieck am A-Traktor schon von Weitem sehr gut erkennen kann, finde ich das ganz okay. Das reduziert die Unfallgefahr.

Unser Nachbar, der alte Mann mit dem Bagger, hat zwei kleine Enkel. Einen davon, nicht größer als drei Äpfel hoch und höchstens elf Jahre alt, können wir jeden Tag mit ebendiesem Bagger oder dem großen Schneeräumgerät durchs Dorf flitzen sehen. Das Beste an der Sache ist, er hat das Ding völlig im Griff, fährt damit sicher und kontrolliert. Das müsst ihr euch bildlich vorstellen, er braucht buchstäblich eine Leiter, um bis hoch hinters Steuer klettern zu können, wobei er aufpassen muss, dass ihm die Eierschalen, die er immer noch am Po kleben hat, nicht abfallen, aber er fährt mit einem Wahnsinnsgerät, auf das selbst ich mich nicht so ohne Weiteres trauen würde. Dabei trägt er Helm, eine gelbe Sicherheitsweste, Handschuhe und Gehörschutz. Wie ein Profi eben. Das nur, um zu sagen, dass die Schweden, vor allem die Schweden im hohen Norden, sehr realistisch mit gewissen Dingen umgehen. Die Knirpse hier düsen mit neun Jahren mit Quad und Schneemobil durch die Gegend, wo Jungs in ihrem Alter in Deutschland noch *butschi-butschi* mit Legos in der warmen Bude spielen. Ich weiß nicht, wie es euch geht, mich aber beeindruckt das zutiefst.

Chaga, das schwarze Gold des hohen Nordens

Den Chaga-Pilz durfte ich während meiner Abenteuerreise nach Jokkmokk am nördlichen Polarkreis kennen und lieben lernen. Chaga ist, wenn man dem Volk der Samen, früher Lappen genannt, Glauben schenkt, Millionen Jahre alt. Er besitzt, so sagen sie, magische Heilkräfte. Die erste schriftliche Erwähnung stammt aus dem 12. Jahrhundert. Zu dieser Zeit war Großfürst Wladimir II. Wsewolodowitsch (einst Fürst von Smolensk) von Lippenkrebs befallen. Chaga-Tee hat ihn angeblich geheilt. Chaga wächst auf alten Birken, so sagte mir der Freund aus Jokkmokk und er erklärte mir vage, wie und wo ich ihn finden konnte.

Von Natur aus neugierig zog ich eines Tages mit Helena los und begab mich auf die Suche nach dem Chaga-Pilz. Um nichts auf der Welt hätte Helena sich davon abhalten lassen, mich zu begleiten. Wir waren in dieser Zeit oft zusammen unterwegs und sie war inzwischen, Schweden sei Dank, so naturverbunden, dass wir ihr gar einen eigenen Namen verpasst hatten, doch dazu später.

Der mir eigenen Vorsicht zum Trotz habe ich im Vorfeld dieses Outdoor-Trips zwei Fehler gemacht. Fehler, die fast zu einer Tragödie geführt hätten. Zu Fuß brachen wir mitten im Winter 2022 bei minus 23 Grad Kälte von der Jagdhütte am Faxälven auf. Zwar trug ich meine komplette Outdoor- und Survival-Ausrüstung im Rucksack mit, doch zwei wichtige Teile hatte ich vergessen: Handy und Kompass!

Zunächst liefen wir den Fluss entlang Richtung Nordwesten, drehten diesem aber bald schon landeinwärts den Rücken zu. Wir wussten, dass der Chaga-Pilz an Birken auf Brust- und Kopfhöhe wuchs, konzentrierten uns auf alte, abgestorbene Bäume.

Wir waren so in die Idee, unsren eigenen Chaga zu finden, vernarrt, dass wir gar nicht mitbekamen, dass es inzwischen angefangen hatte zu schneien. Es war gar ein gewaltiger Schneesturm im Anmarsch. Mir wurde schnell klar, dass ich uns in ein unkalkulierbares Abenteuer gestürzt hatte.

Wir kehren um, entschied ich, *wir laufen, unsren eigenen Spuren folgend, zurück zur Hütte.*

Als ich zurückblickte, erschrak ich jedoch heftig, denn ich sah, dass der Schnee unsere Spuren komplett verdeckt hatte, so als hätte es sie nie gegeben. Ich war orientierungslos, musste um jeden Preis den Fluss finden. Von dort zurück zur Hütte sollte es ein Leichtes sein. Die Landschaft jedoch sah überall gleich aus: monotone Waldlandschaft und überall Schnee, Schnee, Schnee!

Du läufst vor mir, schrie ich Helena zu.

Das hatte seinen Grund. Die Sicht war so schlecht, dass ich sie lieber vor mir und in meinem Blickfeld hatte. Meiner Stimme *rechts, links, geradeaus* folgend stapfte sie tapfer durch den Schnee. Irgendwann ging mir das zu langsam. Auch spürte ich, dass es von Minute zu Minute kälter wurde. Ich hatte Angst, dass sich aus dem Schneesturm ein handfester Blizzard entwickeln könnte. Blizzards waren in dieser Gegend keine Seltenheit. Ich lief also wieder vorne, hatte Helena aber angewiesen, sich bei mir am Rucksack an einem extra mit einem Karabinerhaken fixierten Stück Seil festzuhalten, damit der Kontakt nicht verloren ging.

Komme, was wolle, sagte ich, *du lässt nicht los!*

Die Sicht war gleich null. Wir tauchten ein in die Schneehölle, unsicher noch, wie und wann der Wahnsinn enden würde.

Und die ganze Zeit über schimpfte ich wie ein Rohrspatz. Wie hatte ich nur so dämlich sein können, den Kompass zurückzulassen?

Teilweise reichte mir der Schnee bis weit über die Knie, Helena gar bis zur Hüfte. Daran merkte ich, dass wir nicht die gleiche Strecke benutzten wie auf dem Hinweg. Angst hatte ich keine – jedenfalls vorläufig nicht. Sollte es schlimmer werden, würde ich uns ein Schneeloch graben, die beiden Schlafsäcke, den Kocher und Kaffee aus dem Rucksack holen, und schon wäre Märchenstunde im Schnee angesagt. Aber der Ärger war halt groß und mit ein paar Schreckmomenten müssten wir, dem Kaffee und der Schneehöhle zum Trotz, dann wohl doch kämpfen, denn ein Blizzard geht immer mit großer Eiseskälte einher.

Nach etwa zwanzig Minuten: Entwarnung! Aus dem Halbdunkel vor uns schälte sich der Faxälven. Er war noch nicht zugefroren und wir wären fast hineingetappt. Wir folgten ihm flussabwärts und stießen schon bald wieder auf die Hütte. Chaga hatten wir an diesem Tag keinen gefunden, dafür aber war zumindest ich um einige Erkenntnisse reicher.

Natürlich ließ ich diese Schlappe nicht auf mir sitzen. Nicht mal eine Woche später war ich erneut unterwegs. Allein diesmal. In mir keimte der Verdacht, dass der Chaga-Pilz nicht etwa in Flussnähe, sondern im Gegenteil auf Bergen und Hügeln gut wächst. Frohen Mutes erklomm ich einen Hügel ganz in der Nähe. Der Winter war fast rum, es war *vårvinter.*

Als vårvinter *wird der Übergang von Winter zu Frühling bezeichnet. Es ist Schwedens fünfte Jahreszeit. Im* Fjäll *(Bergregionen) liegt ein Meter hoher Schnee, die Tage sind schon lang und sehr warm, während es nachts immer noch Temperaturen im zweistelligen Minusbereich haben kann.*

Auf der Hügelkuppe, vor den Blicken aller Menschen gut verdeckt, pfiff der Wind durch einen Birkenwald, der etwa so groß war wie ein halbes Fußballfeld. Dort standen vornehmlich alte Birken. Ich sah mich um und war mir sicher, dass kaum ein Mensch sich je hierher verirrt haben könnte.

Nachdem ich mir den Rucksack vom Rücken geschnallt hatte, machte ich ein kleines Feuer, kochte Kaffee und begab mich dann, Blechtasse in der Rechten, auf die Suche. Und ich wurde fündig! Chaga. Überall! Chaga ist außen von Natur her dunkel, fast schwarz: Innen ist er matt.

Bernsteinfarben wie dunkler Waldhonig. Wenn man mit dem Messerrücken leicht dagegen klopft, klingt er hohl. Man kann ihn problemlos mit dem Messer vom Baum lösen. Ich nahm so viel, dass es mir für den Eigenbedarf zwei, drei Wochen reichte (ein Stück so groß wie eine kleine Mandarine) und zog, nachdem ich das Feuer gelöscht hatte, glücklich und dankbar wieder von Dannen.

Die schweren Monate

Ende Mai 2022, wir waren gerade mal acht Monate in Schweden, wurde mein YouTube-Kanal gehackt. Die Vermutung lag nahe, dass der Hacker sein Büro in Kiew oder Berlin hatte. Obwohl ich nüchtern und aus der Sicht des Profisoldaten über den Krieg in der Ukraine berichtet hatte, warf man mir vor, so zumindest vermute ich, ein Propagandist Russlands zu sein. Allein die Idee war krank. Klar aber war, dass die Meinungsfreiheit, das Symbol unserer bisher so viel gelobten Demokratie für mich damit tot und beerdigt war. Zahlreichen anderen YouTubern, Bloggern und Kolumnisten erging es in der Folgezeit ähnlich. Es durfte nur noch das nach außen getragen werden, was von den Mainstreammedien bereits gesagt und von oberster Stelle abgesegnet worden war.

Wirtschaftlich war das ein enormer Einbruch und alles, auch unser Aufenthalt in Schweden, war kompromittiert. Doch dann geschahen zwei Dinge auf einmal. Ich packte meinen Rucksack und verschwand in den Wald, blieb eine Woche draußen und klopfte meinen Dickkopf an gefühlt jeden Baum, der mir nicht schnell genug aus dem Weg ging. Ja, ich schrie meine Wut in die Welt hinaus, wohl wissend, dass kein Mensch mir zuhörte. Als ich zurückkam, grinsend, bärtig und stinkend wie ein altes afrikanisches Sumpfkrokodil, war ich geläutert. Mein Kampfgeist, den ich verloren geglaubt hatte, war wieder da. Ich marschierte wieder mit dem Kopf statt mit den Beinen.

Am gleichen Tag fand ich in meinem Posteingang eine Mail. Der Eulogia-Verlag fragte nach, ob ich nicht vielleicht daran interessiert wäre, ein Survival-Buch zu schreiben. Langfristig gesehen, und das spürte

 ich sofort, konnte ich damit den drohenden finanziellen Engpass vermeiden. Die Tugenden, die mir die Fremdenlegion beigebracht hatte – niemals aufgeben und den Blick stets nach vorne richten – sowie eine Tagesentscheidung eines Verlages, von dem ich bis dahin noch nie gehört hatte, hatten mich wieder in die Spur gebracht. Viva la vida!

Sind Schweden wie Schweizer?

Thomas, Schweden und Schweizer müssen aus ein und demselben Ei geschlüpft sein.
Warum?
Schweizer sind saubere Leute. Sie sind fleißig und wohlerzogen. Und höflich.
Komm auf den Punkt, Diana.
Hier sind auch alle sehr höflich. Und fleißig.
Und gepflegt, fügte ich hinzu.

Diana nickte.

Sagte ich doch. Noch nie habe ich eine öffentliche Toilette dreckig vorgefunden. Weder an einem Bahnhof noch auf einem Campingplatz oder an der Autobahn. Es liegt auch nirgends Müll rum.

Sie hatte recht. Mir fiel noch sehr viel mehr ein, was mich hier in Schweden so faszinierte. Die einsam gelegene Fischer- und Jagdhütte am Faxälvenfluss zum Beispiel. Jeder, der wollte, konnte dort übernachten. Kostenlos, versteht sich. Die Tür war immer offen. Es gab stets genug Brennholz. Im Hauptraum standen ein Kamin, ein Tisch, eine Holzbank und vier Stühle. Die Küche war gut bestückt. Töpfe, Besteck, Teller und Tassen, alles war da. Sogar zwei alte Öllampen und Streichhölzer. Im Hinterzimmer fanden sich vier Betten. Und das alles nur etwa dreißig Meter vom Fluss entfernt. Alles war sauber, ordentlich und gepflegt. Das Beste aber war, solche Hütten gab es überall. Man musste sich nur schlaumachen.

Fast jedes Dorf hat seine eigene Sauna. Meist befindet sie sich am Fluss oder am See. Dazu muss man wissen, dass es hier in der Gegend mehr

Seen als Dörfer gibt und so liegt gefühlt jedes Dorf an einem See. Von außen sieht die Dorfsauna aus wie eine normale Blockhütte. Kam man aber näher, sah man, dass es sich eben um eine kleine, feine *bastu* – so heißt Sauna auf Schwedisch – handelte. Selbst wer zufällig vorbeikam, durfte kostenlos saunieren.
Ältere oder wohlhabende Schweden können aber auch wie Chinesen sein. Wie Chinesen sind, habe ich während meiner langen Reisen erfahren dürfen. Immer nett. Immer lächelnd. Stets seriös. Was aber in ihren Köpfen abgeht, spricht oft eine ganz andere Sprache. Die Rede ist von instinktiver Ablehnung.

Bis hierher und nicht weiter. Du bist nicht wie wir!

Nun, der große Irrtum, den viele Deutsche begehen, ist der, anzunehmen, dass sie die besseren Auswanderer seien. Sicherlich hast du als Deutscher gute Karten, gesehen und integriert zu werden. Aber wie bereits erwähnt, der Prozess der Integration gleicht einem langen und sehr steinigen Weg. Machen wir uns also nichts vor. Viele ältere und wohlbetuchte Schweden sind nett. Das stimmt. Nett ist aber oftmals nur der kleine Bruder von Scheiße. Somit bist auch du als Deutscher in Schweden zuerst immer nur der Ausländer. Egal, wie lange du hier bist, egal, ob du die PN oder gar den schwedischen Ausweis hast. Egal auch, wie gut du die Sprache beherrschst oder katzbuckelst: du bist Ausländer!

Das ist ein universelles Prinzip. Weltweit. Länder betreffend erlebte ich nur eine Ausnahme von dieser universellen Regel. Das war auf Korsika. Ganze fünfzehn Jahre lebte ich auf der Île de Beauté, wie man Korsika auch nennt. Für mich war es Heimat. Ich fühlte mich integriert, ganz und gar aufgenommen in die Gilde der bronzefarbenen Frauen und Männer, die sich früh mit Stolz erheben, stolz ihren Tag gestalten und mit stolz geschwellter Brust nachts einschlafen. In Korsika gibt es kaum Jasager, Kopfnicker oder Schafe, die ständig nur mit dem Mainstream schwimmen. Diese Mentalität ist den Menschen dort völlig fremd. Ob es dir passt oder nicht, ob es politisch korrekt ist oder gar nicht, sie sagen dir ihre Meinung direkt ins Gesicht. Und sie reden laut und gestenreich über Politik, loben oder kritisieren offen.

Manch einem in Schweden könnte das Vorbild sein, hält man hier doch mit Kritik nach oben sehr hinter dem Berg. Nun ist es mir ein Rätsel, was hinter dieser schwedischen Angst, laut zu werden, wenn die Dinge nicht sind, wie sie sein sollten, steckt. Möglicherweise wird dieses Zögern vererbt. Was ich aber weiß, ist, dass dulden, schweigen und geschehen lassen die Seele krank macht.

Korsika und ich, ich gebe es zu, ist eine Unvollendete. Natürlich wäre es eine Option und, ich gestehe, eine große Freude für mich gewesen, mit der Familie nach Korsika auszuwandern. Jedoch, und dazu stehe ich, wollte ich meinen Kindern die Nadel ersparen, gehört doch Korsika zu Frankreich und hat doch Frankreich mit die schärfsten Bestimmungen, was das Impfen allgemein angeht. Unter ein halbes Dutzend Stiche kommen die Kinder leider nicht davon, aber das ist ein anderes, für mich wehmütiges Kapitel.

Hier in Schweden musste ich bislang sehr oft die Erfahrung machen, dass ich mit Außenseitern, wovon es hier einige gibt, besser klarkomme als mit dem Schweden Typ Standard. Diese Außenseiter, ich sage immer „diese etwas anderen Schweden", sind es auch, die von sich aus neugierig und als Erste den Kontakt suchen. Sehr wohl aber habe ich auch bemerkt, dass, je länger du an einem Ort verweilst, desto neugieriger im positiven Sinn auch die anderen Menschen werden. Eigentlich ist es wie überall. Wie du in den Wald hineinschreist, so schallt es zurück. Das lässt hoffen.

Fäbodas

Hier ein absoluter Insidertipp. Die Rede ist von den *Fäbodas. Fäbodas* sind einfache Hütten oder Langhütten. Oft ist ein ganzes Hüttensystem damit gemeint. Diese Hütten waren mehrere Kilometer vom Bauernhof entfernt. Meist tief im Wald verborgen, fanden sie sich an irgendeinem See oder gar auf einer Insel. Die Frauen hüteten dort das Vieh. Sie molken die Kühe, machten Käse und Butter. Für Männer war der Zutritt zu diesen *Fäbodas* strikt verboten. Zumindest bis 1981. Das alles hat Diana mir erzählt. Sie hatte drei Tage und zwei Nächte ganz allein, nur mit Ruby als Begleiter, in einer *Fäboda* verbracht. Vermutlich hat ihr weiblicher Instinkt sich genau diesen magischen Ort ausgesucht.

Als ich sie nach drei Tagen abholte und fragte, wie es so war, sagte sie nur geheimnisvoll: *Es war kein Zufall, dass ich hier war!*

Ihre Stimme klang dabei sehr merkwürdig, so als ob nicht sie selbst, sondern jemand anders zu mir sprach. Ich hakte nicht nach, denn ich spürte, dass sie erst mal selbst mit einigen Dingen klarkommen musste. Die Rede ist von einer geistigen Ebene, zu der sie mir im Augenblick keinen Zutritt gewährte.

Dankbar nahm sie mein Schweigen zur Kenntnis. Orte wie diese *Fäboda* sind selten, aber es gibt sie. Die Türen dieser Hütten stehen für jede Frau, und mittlerweile auch für Männer, offen. Für Menschen hauptsächlich, für die *Spiritualität* kein Fremdwort ist.

Selbstversorger. Notvorsorge. Prepping

Das Thema ist deshalb schon wichtig, weil wir weit ab vom Schuss leben. Nur eine Straße, die diesen Namen verdient, führt zu uns herauf in den Norden. Sollte sie aus diversen Gründen nicht befahrbar sein, ist die Versorgung der kleineren Supermärkte in der Gegend unterbrochen. Auf Deutsch, die Menschen nagen am Hungertuch. Oh! Ich habe mich falsch ausgedrückt. Es muss heißen: *Die Menschen, die nicht vorgesorgt haben, nagen am Hungertuch!* Zufälligerweise ist die Krisenvorsorge genau meine Domäne. Unser aller Erfahrung in Sachen Selbstversorgung hingegen ist bescheiden. Sie reduzieret sich eher auf die Randgebiete der Selbstversorgung. Eigentlich fällt das, was wir tun, in den Bereich vorausschauende Krisenvorsorge und Resilienz. Mein Motto ist: Autark leben, ja. Aber, was uns betrifft, bitte ohne Schaufel und Pickel in die Hand nehmen zu müssen. Wir legen mehr Wert auf die schöpferisch-intelligente Energie als auf die körperliche. Da wir nicht mehr die Jüngsten sind, wollen wir so viel Kräfte wie möglich für das Essenzielle sparen. Das Essenzielle ist das Leben selbst. Und das bitte nicht ständig im Survivalmodus. Ich komme aus dem Militärmilieu, beobachte die Spannungen in Europa ganz genau. Im Augenblick (März 2024) sind im Großraum Skandinavien zahlreiche Militärmanöver angesagt. Die Übung Nordic Response (vorher Cold Response) läuft auf Hochtouren und man sieht auch hier dann und wann Militärkonvois Richtung Norden an die norwegische und finnische Grenze fahren. Doch die russische Grenze ist weit weg.

Zu Beginn des Buches hatte ich die Gründe benannt, die dazu führten, dass wir Deutschland im September 2021 den Rücken zuwandten. Das war lange vor dem Tag, an dem Russland die Unabhängigkeit der unter russischen Einfluss stehenden Volksrepubliken Donezk und Lugansk anerkannte. Was folgte, wissen wir alle. Die Russen marschierten in die Ukraine ein. Mit dem späteren Beitritt Finnlands und Schwedens in die NATO nahm Skandinaviens Neutralität definitiv ein Ende; Norwegen war schon drin.

Wenn man mich fragen würde, wie ich die Situation zu diesem Zeitpunkt einschätze, hätte ich klare Worte. Diese möchte ich euch nicht vorenthalten. Ich glaube nicht, dass Russland mit der NATO einen Krieg beginnen wird. Dafür gibt es keinen Grund. Ich stufe die Bedrohung *‚russische Gefahr'* deshalb als bescheiden bis null ein. Man sollte es aber tunlichst vermeiden, dem Teufel an den Haaren zu ziehen. Nichtsdestotrotz habe ich mit Freunden Pläne ausgearbeitet, deren Wege uns weiter nach Norden über die (grüne) Grenze nach Norwegen führen. Auch dort haben wir Freunde. Die Tatsache, dass Norwegen Mitglied der NATO ist, ist dabei völlig irrelevant. Zumindest für das, was ich vorhätte. Für mich ist das alles eine Art Spiel. Ich weiß aber auch, dass aus jedem Spiel im Handumdrehen ernst werden kann. Und darauf möchte ich vorbereitet sein. Es sind derer nicht wenige, die mich einen sehr eigenen Kompagnon nennen, nur um das Wort Spinner nicht in den Mund zu nehmen. Aber das prallt an mir ab. Ich habe Kinder und mein ganzes Denken geht in Richtung Sicherheit.

Leider unterliegen viele Schweden dem Irrglauben, dass Russland früher oder später in ihr Land einfallen, ihre Städte und Dörfer verwüsten wird. Nun ist es nicht meine Aufgabe, zu versuchen, ihnen das auszureden. Niemand würde auf mich hören und wer weiß. Vielleicht sind sie es ja, die recht haben?

Aber, nachdenklich ob dieser Phobie, schaue ich mich um. Bemerke diese seltsamen Erdhügel, die hier oben im Norden wie Pilze aus dem Boden schießen. Fast jedes dritte Haus hat so einen Erdkeller, der in früheren Zeiten sicherlich dazu gedient hat, Holz und diverse Lebensmittel zu lagern. Die meisten von ihnen stehen heute leer. Oft ragen sie zwei Meter über die Erdgleiche hinaus, doch führen Treppen zwei, drei Meter hinunter, dorthin, wo Schatten und Schutz die Menschen erwarten. Und jetzt sind wir schon da, wo ich hinwollte. Schutz! Ich habe diese Erdkeller (auch wir haben einen) höchst aufmerksam inspiziert und bin zu dem Entschluss gekommen, dass es sich bei ihnen um hervorragende Bunker handelt. Es soll hier keine Abhandlung in Sachen nuklearer Krieg werden, aber sicher kennt ihr alle die fünf Effekte einer A-Bomben-Explosion? Nein? Ihr solltet euch damit befassen, vor allem dann, wenn ihr in Deutschland wohnt.

Nachdem ich mehrere der etwas weiter oben erwähnten Erdkeller unter die Lupe genommen hatte, kam ich zu dem Schluss, dass die meisten von ihnen einen sehr guten Schutz gegen die Effekte einer A-Bombenexplosion bieten. Außerdem steht da noch die Tatsache im Raum, dass im Umkreis von etwa zweihundert Kilometern kein Target (potenzielles Ziel) zu finden ist, welches einen Angriff lohnend macht, also kaum militärische Einrichtungen noch irgendwelche hochwertige Industriestandorte oder strategisch wichtig gelegene Flughäfen. Mein vorläufiges Schwedenfazit: … weit ab vom *Schuss*, aber trotzdem inmitten des europäischen Kulturkreises.

Und allgemein? Fern von uns die Idee, etwa aus dem *System* aussteigen zu wollen. Vielmehr streben wir (bisher mit Erfolg) nach einem Leben gefüllt mit Prinzipien wie Achtsamkeit, Nachhaltigkeit, bewusster Ernährung und einem guten Umgang untereinander. Sich im Großen und Ganzen unabhängig machen und nicht mehr für den Profit anderer zu buckeln, ist das Ziel. Fastfood ist für uns wie auch für unsere Kinder ein Fremdwort. Es ist verpönt.

Wie bereits erwähnt kaufen wir einmal im Jahr vom Bauern je ein halbes Rind und ein halbes Schwein. Ich habe jetzt auch alle Geräte bestellt, die es mir erlauben, Wurst selbst zu machen, sie abzufüllen, sie zu garen und zu räuchern. Im neuen Haus, ganz oben im Dachboden, wo es selbst im Sommer schön kühl ist, befindet sich unser Notvorratslager. Allein mit dem, was Diana hier liebevoll eingelagert hat, könnte die ganze Familie problemlos ein halbes Jahr überleben. So sieht es in etwa in unserer Vorratskammer aus:

Mindestens 200 Kilo Mehl (verschiedene Sorten). Zucker (Xylit). Öl. Getrocknete Früchte. Eingekochtes beziehungsweise eingewecktes Fleisch. Nüsse. Schwarze Schokolade. Bio-Honig. Himalaya-Salz. Bio-Kurkuma. Bio-Tee (verschiedene Sorten) und Gewürze aller Art.

Doch damit nicht genug. In der Küche zieht Diana Tomaten und Paprika heran. Dabei benutzt sie ein hydroponisches Anzuchtsystem. Das erleichtert die Anzucht von Jungpflanzen aus Samen oder Stecklingen. Ich kannte dieses System nicht, bin aber begeistert. Vom Keimling bis zur starken Jungpflanze, und das alles ohne Erde. Im Augenblick, in dem ich diese Worte schreibe, sind Helena und Diana dabei, diese Jungpflanzen in Töpfe zu stellen und mit Erde zu befüllen. Auf diese Art und Weise können sie wachsen. Paprika und Tomaten reifen in der Wohnung heran.

Manche sagen, dass ohne ein beheiztes Gewächshaus hier gar nichts wächst und gedeiht. Das ist so nicht richtig. Unweit von Åsmon wohnt Lasse. Lasse ist Schwede und ein guter Freund. Er besitzt viel Land, betreibt Anbau. Kartoffeln, Möhren, Rosenkohl, Kürbisse und Co. Einen Großteil dieser Schätze verkauft er. Das hört sich alles sehr einfach an, ist es aber nicht. Lasse kann das. Er hat jahrelange Erfahrung, hat das geschafft, woran andere vor ihm verzweifelt und kläglich gescheitert sind. In diesem rüden Klima, auf kargem Boden etwas wachsen und gedeihen zu lassen, ist kein Selbstläufer. Um hier im Norden Schwedens Selbstversorger zu werden, braucht es Wissen, Erfahrung und Glück. Und man sollte sich an Erfolgskonzepte anlehnen. Wie? Indem man einfach mal auf einen Kaffee bei Menschen wie Lasse vorbeischaut und mit ihnen darüber redet. Von ihnen lernt. In Sachen Anbau unter Extrembedingungen sind solche Menschen ein wandelndes Lexikon.

Im Spätsommer pflücken wir Walderdbeeren, Heidel- und Preiselbeeren und frieren sie für den Winter ein. Aber immer *lagom. Lagom* ist Schwedisch und bedeutet „nicht zu viel, nicht zu wenig". Die ideale Balance halt. Daran halten wir uns. Blaubeerzeit ist von Juli bis September, bei den Preiselbeeren muss man sich etwas länger gedulden. Anders als in Deutschland ist das Pflücken mit einer *bärplockare* (Beerenkamm) nicht verboten. Die Mädchen sammeln Steinpilze, trocknen und verpacken sie, während ich ein permanentes Auge auf die Holzvorräte habe.

Schwedens Militär – Wehrdienst, Dritter Weltkrieg & Co

Ich greife das Thema deshalb auf, weil wir in Zeiten leben, in denen ein dritter Weltkrieg leider nicht mehr ausgeschlossen ist. Ein guter Freund sagte mir eines Tages: *Thomas, selbst du als Nicht-Schwede kannst bis zu deinem siebzigsten Lebensjahr zum Dienst mit der Waffe herangezogen werden!*

Es war also an der Zeit, sich über das Thema zu beugen. Nach dem Ende des Kalten Krieges wurde die allgemeine Wehrpflicht in Schweden ausgesetzt. Es gab kein Feindbild mehr. Schweden bekam eine Berufsarmee, die aus einer Basis von Freiwilligen bestand. Diese Freiwilligen hatten ein Angestelltenverhältnis mit dem Staat. Auslandseinsätze traten an Stelle der Landesverteidigung. Hierbei ist anzumerken, dass Wehrpflichtige in Schweden nicht zu Auslandseinsätzen herangezogen werden können. Das Gesetz zur Wehrpflicht war indes nicht abgeschafft, sondern es ruhte nur. Erst im Jahr 2017 entschied das schwedische Parlament, die Wehrpflicht „geschlechterneutral" wieder zu aktivieren. Dienten Frauen vorher nur auf Freiwilligenbasis, so waren sie den Männern nun gleichgestellt. Gründe für die Reaktivierung der Wehrpflicht gab es mehrere. Ausschlaggebend dafür aber war sicherlich die Annexion der Krim durch die russischen Streitkräfte im Jahr 2014. Die Landesverteidigung rückte urplötzlich wieder ins Zentrum der politisch-militärischen Betrachtung.

Wenn wir von *Schwedens Pflicht* an sich sprechen, muss die Wehrpflicht als Teil der drei Totalverteidigungspflichten gesehen werden. In der Tat gibt es die Wehrpflicht, eine Zivilpflicht und die allgemeine Dienstpflicht. Zu beachten ist, dass die Wehrpflicht nur für die Streitkräfte

Schwedens – den *Försvarsmakten* (Heer, Marine, Luftwaffe und Heimwehr) – gedacht ist. Wie viele junge Menschen pro Jahr zum Wehrdienst herangezogen werden, ist von der Größe der schwedischen Streitkräfte im Kriegsfall abhängig. Jetzt zu dem Punkt, der mich natürlich am meisten interessiert.

Thomas, selbst du als Nicht-Schwede kannst bis zu deinem siebzigsten Lebensjahr zum Dienst mit der Waffe herangezogen werden!

Nun, ich habe mich erkundigt und es scheint tatsächlich so, als hätte Schweden dieses ambitionierte Projekt verworfen. Bereits lange vor Schwedens Beitritt zur NATO war es Usus, dass die Kinder im hohen Norden Schwedens (besonders in den abgelegensten Gebieten) bereits im Teenagealter auf verschiedene Überlebensszenarien vorbereitet wurden. Das hat aber mehr mit dem ganz normalen Wahnsinn, also mit Katastrophen, Unwetter, Stromausfall, Hungersnot, plötzlichen langanhaltenden Blackouts, Krankheit oder Unfällen zu tun als mit einer erhöhten Kriegsgefahr oder gar mit einer russischen Gefahr.

Man preppt, wie man so schön sagt. Und das schon seit Urzeiten. Die jungen Heranwachsenden wollen für jede erdenkliche Art von Krise gerüstet sein. Sie wissen im zarten Alter schon, wie man Feuer macht, sich einen Shelter baut und wie man es schafft, nur mit einer Handvoll Zutaten ein gutes Essen zuzubereiten. Sie lernen den frühen Umgang mit Maschinen, auch mit sehr schweren Maschinen, können Wasser aufbereiten und in schwierigen Situationen die Arschbacken zusammenkneifen. Diese Art Vorbereitung geschieht nicht immer gezielt oder etwa in Form von irgendwelchen Kursen. Oft ist es ein unbewusster Prozess. Das harte alltägliche Leben zeigt Eltern, Lehrern und Kindern, wo es langgeht.

Lustiges aus unsrem Dorf

Dreißig Meter schräg gegenüber von uns wohnte, ich hatte es erwähnt, ein Kosovare mit seinem Schäferhund. Er war single. Sein Haus, grau, unscheinbar und irgendwie nicht in die Landschaft passend, hatte er für etwa 9.000 EUR erstanden. Das hatte er mir nicht gesagt, doch Schwedens Transparenz flüsterte es eines Tages in mein Ohr. Mehrmals kam uns zu Gehör, dass er ein paar krumme Dinge gedreht hatte, was mir persönlich egal war. Ich mochte ihn. Wir trafen uns ein, zwei Mal die Woche zum Kaffeetrinken, plauderten über dies und jenes und erfanden die Welt neu. Nichtsdestotrotz tauchte drei- oder viermal die Polizei bei ihm auf. Sicherlich vorgewarnt, war er natürlich nie beim Rendezvous. Irgendwann aber hatten sie ihn am Arsch. Er wurde ausgewiesen, sein Hund eingeschläfert.

Vom Kosovo aus nahm er mit mir Kontakt auf. Er fragte, ob ich daran interessiert wäre, sein Haus zu kaufen. Für einen Spottpreis, wie er meinte.

Wie viel?
Sagen wir 20.000 Euro?
Ich gebe dir die Hälfte!
Okay. Deal!

Ein Haus zu kaufen, auch von Eigentümern, die körperlich nicht präsent sind, ist in Schweden gar kein Ding. Dennoch entschied ich mich dafür, einen Makler zwischenzuschalten. Dieser recherchierte erst mal. Dabei kam heraus, dass mein Freund aus dem Kosovo ein ganz gewiefter Geschäftsmann war. Das Haus, so versicherte mir der Makler, war bereits an drei andere Käufer gegangen. Unterschrieben hätte aber bislang nur einer. Natürlich wurde die Sache später zur Zufriedenheit aller geklärt.

Der Käufer des Hauses war ein begnadeter Musiker mit Dreadlocks und Anhang. Der Anhang war weiblich, blond, zierlich und äußerst attraktiv. Die beiden bildeten so eine Art *Revival* alter Zeiten. Früher nämlich war die Gegend fast zwei Jahrzehnte lang von der Hippiebewegung geprägt, ich hatte es bereits angesprochen. Nun war es gegenwärtig aber so, dass hier im Dorf hauptsächlich ältere Menschen lebten. Menschen, die ich eher als sehr konservativ und altbacken einstufte. Vor allem die Männer waren neuen Dorfbewohnern gegenüber skeptisch und verschlossen. Um sie aus den Häusern zu kriegen, Hallo zu sagen oder ein Gespräch mit ihnen zu führen, brauchte es schon Geduld und gute Gründe. Nun, was soll ich sagen. Der Grund war plötzlich da.

… *weiblich, blond, zierlich und äußerst attraktiv!*

Dieses Weib, Ausdruck höchster Anerkennung, hatte sich mitten im Mai Holz liefern lassen. Einen ganzen Berg Holz. Nur mit einem Stringtanga und einem lächerlichen Etwas von Top bekleidet, begann sie schon am Tag der Lieferung damit, die Holzscheite vom Garten in ihren Keller zu tragen.

Es dauerte keine zwanzig Minuten und alle (*alle!*) alten, griesgrämigen, konservativen Männer im Dorf boten ihr ihre Hilfe an. Sie kamen mit dem Bagger, mit Traktoren und Schubkarren zum großen Ereignis. Natürlich wurde die Hälfte von ihnen schon nach ein paar Minuten von ihren Frauen zur Ordnung gerufen, an den Ohren nach Hause gezogen und weggesperrt.

Obwohl das Spektakel auch meinem Auge sehr schmeichelte, nahm ich an diesem Hype nicht teil. Dafür gab es zwei Gründe: das Fehlen gleichzeitig von Traktor, Bagger und Schubkarre und die mahnenden Blicke meiner Frau.

Kurz noch einen Blick zurück zum Hauskauf des Kosovaren. Der Musiker hatte den Deal per Videoschalte und E-Mails abgewickelt. Die Videos wurden aufgezeichnet und zusammen mit den Mails dem Notar vorgelegt. Der Hauskauf war getätigt und vom Notar beglaubigt.

Radioaktivität

Die vorliegende Erzählung wäre nicht vollständig, wenn ich das folgende Thema einfach so unter den Tisch kehren würde. Ich komme zu einer Sache, die uns selbst kaum belastet. Warum nicht, das erzähle ich euch im Anschluss. Ende April 1986 explodierte ein Reaktorblock des Kernkraftwerks Tschernobyl in der Ukraine. Dabei wurden große Mengen Radioaktivität freigesetzt. Die erste radioaktive Wolke (Fallout) zog angeblich Richtung Skandinavien. Sie streifte das Baltikum, durchquerte Finnland und bewegte sich danach über den südlichen Teil Nordschwedens hinweg nach Norwegen. Im Jahr 2004, also achtzehn Jahre danach, wurde an der Universität in Linköping eine wissenschaftliche Abhandlung veröffentlicht. Es handelte sich um Ergebnisse einer Datenauswertung von etwas mehr als einer Million Menschen. Alle hatten zwei Dinge gemeinsam:

1. **Sie alle lebten in Nordschweden.**
2. **Alle waren sie in den Jahren zwischen 1986 und 1988 dem Fallout des radioaktiven Elements Cäsium-137 ausgesetzt.**

Das Ergebnis war, dass die Reaktorkatastrophe tatsächlich etwa 850 Krebstote[3] verursacht haben könnte. Andere Wissenschaftler, so der Strahlungsexperte der schwedischen Strahlenschutzbehörde Leif Moberg, hingegen bezweifeln diese Schlussfolgerung mit eben der Begründung, dass die Strahlendosis viel zu gering war, um einen derartigen Anstieg der Krebsopfer zu bewirken. Seine Behörde ging bei einer ähnlichen Abschätzung von etwa 300 Toten innerhalb von fünfzig Jahren aus.

---

3 https://www.spektrum.de/news/mehr-als-800-tschernobyl-opfer-in-schweden/765734

Es kursiert im Internet eine Karte, auf der man angeblich erkennen kann, welche Gebiete im südlichen Teil Nordschwedens am meisten betroffen sind. Dabei handelt es sich um ein rechteckiges Gebiet beginnend im Osten Achse Süd-Nord bei Gävle, hoch Richtung Sundsvall und weiter nach Skellefteå und beginnend im Westen Achse Süd-Nord bei Gäddede bis auf Höhe Ammarnäs.

Kurz nachdem wir in Schweden ankamen, bekam ich zahlreiche E-Mails von irgendwelchen Leuten, die uns genau auf diese Problematik mit der Radioaktivität hinwiesen. Natürlich wurde ich sofort hellhörig. Eines wollte ich sicherlich nicht: Meine Kinder irgendwelchen Gefahren aussetzen! Ich hakte nach, befragte Einwohner und Behörden. Alle sagten das Gleiche. Die Gefahr, ausgehend vom Cäsium-137, war minimal. In der Region, in der wir wohnten, gab es nicht mehr registrierte Sterblichkeitsfälle als anderswo und wegen der Tschernobyl-Wolke machten sich die Leute am allerwenigsten Gedanken. Panikmache, sagten sie. Kinder kamen gesund auf die Welt, Menschen wurden alt und starben, wie auch anderswo auf der Welt, meist eines natürlichen Todes, der, wie bereits erwähnt, mit Radioaktivität nichts zu tun hatte.

Als ich noch in Sachen *international security* unterwegs war, flog ich sehr viel. Meist waren es Langstreckenflüge. Riad, Frankfurt, Tel Aviv, Sanaa, Port-au-Prince und ich erspare mir den Rest. Gefühlt habe ich Wochen, ja Monate in irgendwelchen Fliegern verbracht und ich bin absolut der Meinung (und habe auch das innere Gefühl), dass die Strahlenbelastung bei all diesen Flügen schädlicher ist oder war als das, was ich hier im Norden Schwedens vorfinde. Natürlich hätten wir uns auch in Südschweden niederlassen können, aber je weiter südlich, desto dichter werden auch die Straßen- und Luftverkehrsnetze und umso mehr kriegst du von der zivilisierten Luftverschmutzung (auch Lärmbelastung) ab. Und so stelle ich alles in Relation. Ob so oder so, hier oder dort oder woanders: Gefahren lauern überall! Man hat immer die Wahl, sich die kleineren Übel auszusuchen.

Hinzu kam, dass ich ein sehr gutes Gespür für Energien entwickeln kann. Jedes Mal, wenn ich, alle Warnsignale auf Empfang, hier im

Wald spazieren gehe, spüre ich eine überaus hohe positive und heilende Energie. Bei mir ist eine heilende Energie auch der Beginn einer heilenden Wirkung. Ich sprach mit Diana über diese Sache. Sie dachte genauso und am Ende des Gesprächs hakten wir beide die Sache mit der Radioaktivität ab. Aber ich kann jetzt nur für mich beziehungsweise wir für uns sprechen. Jeder muss das mit sich selbst ausmachen.

Winterblues

Ich nehme Freund Lasse zum Anlass, um über die langen Wintermonate in Nordschweden zu sprechen. Lasse fliegt mindestens einmal im Jahr nach Spanien. Es ist eine Art Flucht. Die Flucht vor den harten Wintermonaten Dezember, Januar und Februar. Er bleibt tatsächlich drei Monate im Süden, und wir überlegen, ob das nicht auch für uns eine gute Möglichkeit wäre, der Kälte den Krieg zu erklären. Hin und wieder tüfteln wir diesbezüglich an einem Plan, kommen aber immer wieder zum selben Ergebnis: Noch nicht! Nicht, solange die Kinder klein sind und noch die neunjährige Grundschule besuchen. Wir wollen sie nicht (wieder) aus ihrer Umgebung reißen. Sie sind hier einfach glücklich. Und so kneifen wir Eltern halt mal ab und zu, zumindest was Kälte und Dunkelheit angeht, die Arschbacken zusammen.

Was die Dunkelheit angeht, so ist das einfach. November und Dezember scheint die Sonne kaum. Das muss man aushalten können, Punkt! Und die Kälte?

Erst gestern sagte Diana wieder zu mir: *Wow! Ganz schön kalt.*

Doch in solchen Momenten schnappt sie sich ein Buch oder nimmt ihr Strickzeug in die Hand, setzt sich damit vor den Kamin und ist happy. Und so geht es uns eigentlich allen hier. Aus Erfahrung weiß ich, dass Korsen, Spanier, und Franzosen, die im Süden Frankreichs leben, über die Hitze der Sommermonate in ihrem Land genauso klagen wie eben Menschen hier oben manchmal über das kalte Wetter.

> **Anmerkung des Autors:** In dem Augenblick, in dem ich diese Zeilen schreibe, haben wir Anfang Januar. Es ist 09h00 morgens und der Blick aus dem Fenster sagt mir, dass es heute vor 10h00 gar nicht

hell und um 15h00 schon wieder dunkel sein wird. Wir haben uns daran gewöhnt. Die Kinder und ich können sehr gut damit umgehen. Na ja, das stimmt so nicht ganz.

Jophiel fragt immer öfter: *Papa, wann wird es Sommer?*

Ich nehme ihn dann in meine Arme und zeige auf den See, hinter dem die Sonne gerade die Dunkelheit verdrängt, und sage: *Schau. Die Sonne. Bald ist Sommer.*

Er schmollt fünf Sekunden und denkt sich bis zum nächsten Mal seinen Teil.

Diana brauchte lange, um damit klarzukommen. Als sie aber zum ersten Mal die Nordlichter sah, verschwanden auch die dunklen Gedanken aus ihrem Kopf.

Bereits Ende Oktober werden die Nächte länger, die Tage kürzer. Diese permanente Dunkelheit beziehungsweise das Zwielicht kann aufs Gemüt schlagen. Auch aus diesem Grund empfehle ich depressiven Menschen mit Reiselust, sich vorher schon ernsthaft mit diesem Phänomen auseinanderzusetzen.

Es gibt viele Möglichkeiten, dem Winterblues den Zahn zu ziehen. So gehen wir so oft es geht aus dem Haus. Lange Spaziergänge mit Ruby und Bailey sind sehr hilfreich. Sie sind Bewegung für unsere alten Knochen und eine Dosis Vitamin D extra. Auch die Ernährung spielt eine große Rolle, um einem eventuellen Vitamin-D-Mangel zu begegnen. Avocados, Fisch (Hering, Makrele, Lachs), Eier und Co stehen deshalb sehr oft auf unsrem Speiseplan.

Es gibt auch sogenannte Tageslichtlampen, doch kenne ich persönlich keinen, der tatsächlich welche hat. Zumindest keine Privatperson. In Schulzimmern oder Arbeitsräumen hingegen setzen sich Tageslichtlampen immer mehr durch. Das Licht dieser Lampen wirkt sich positiv sowohl auf den Hormonhaushalt als auch auf den Biorhythmus der Menschen aus.

Besonders ältere Menschen benutzen alte Holzschlitten mit Kufen aus Metall, *Sparkstötting* genannt. Oft, wenn ich in den Wintermonaten an besonders sonnenlichtreichen Tagen an zugefrorenen Seen vorbeifahre, sehe ich Schweden, die sogar bei Minusgraden im zweistelligen Bereich mit entblößtem Oberkörper auf Liegestühlen liegen. Das Ziel? Sonne tanken um jeden Preis!

Ich bin der, der früh, bevor die Kids zur Schule gehen, mit der Pipette rumläuft und jedem einen oder zwei Tropfen Vitamin D verabreicht. Diesbezüglich haben wir uns von einem Arzt beraten lassen. Zusammenfassend kann ich sagen, dass der Winterblues uns eigentlich mal kann, und dem Vitamin-D-Mangel öffnen wir ganz einfach nicht die Tür. Für uns hat jede Jahreszeit ihren Charme, man muss ihn nur erkennen, festhalten und genießen. Alles ist im Kopf, werte Leser. Alles ist im Kopf!

Gefangen im Eis – oder: wie Ruby zu uns kam

Im Dezember 2021, also nur ein paar Wochen nach unserer Ankunft in Schweden, fuhr ich mit Emmylou in die Nähe von Jokkmokk (schwedisch Lappland) zum nördlichen Polarkreis. Ein Freund aus Österreich hatte uns eingeladen, ein paar Tage bei ihm und seiner netten Familie zu verbringen. Bei knallharten 26 Grad minus machten wir uns auf den Weg. Jokkmokk lag circa 500 Kilometer weiter nördlich. Wir, drei Männer, wollten dort eine Tour mit Grönland-Schlittenhunden machen. Emmylou konnten wir leider nicht mitnehmen, weil es zu gefährlich und vor allem auch zu kalt war. Minus 26, und da kenne ich meine Emmy sehr gut, hätte sie schon ausgehalten, aber der Fahrtwind um den unglaublich schnell dahinflitzenden Schlitten fällt immer viel kälter aus.

Für mich war es ein großartiges Abenteuer. Hundegebell, Gangleine, Geschirr, Zugleinen – es schien mir zu Beginn ein höllisches Durcheinander. Schnell aber musste ich feststellen, dass jeder ganz genau wusste, was er wann zu tun hatte. Der Schlitten, in Kiruna handgefertigt, versicherte man mir, wurde von zwölf Grönlandhunden hinein in die Eishölle des nördlichen Polarkreises gezogen. Ging es bergauf, sprangen wir alle auf die Beine und halfen beim Schieben. Auch wechselten wir uns als *Musher* (Mensch, der das Hundeschlittengespann lenkt) ständig durch und so war es nicht nur eine rein körperliche Sache, sondern stets auch eine Frage der höchsten Konzentration und der antizipierten Intelligenz.

Marchéz, marchéz!

Die Kommandos knallten trocken im eisigen Fahrtwind. Die Landschaft flog in einem atemberaubenden Tempo an uns vorbei. Hier und da zeigte sich ein Elch. Dann hieß es aufpassen. Die Hunde witterten die Elche schon, bevor wir sie zu Gesicht bekamen, und suchten Wege, auszubrechen.

Nach etwa zehn Kilometern machten wir Halt. Die Hunde spürten, dass sie bald etwas zu fressen bekommen würden. Wie Wölfe begannen sie in der blauschwarzen Nacht zu klagen. Da der einzige große Unterschied zwischen Tier und Mensch das Feuer war und wir ohne Feuer nirgends überleben konnten, zündeten wir zuallererst ein Feuer an. Einer machte Kaffee, die anderen fütterten die Hunde mit gefrorenem Rentierfleisch. Jeder bekam einen großen Batzen von etwa einem Kilo. Mit dem Fleisch kehrte für einige Augenblicke die Stille zurück. Nach dem Fressen satt und müde, gruben sie sich noch dort, wo sie standen, in den Schnee und harrten der Dinge, die da noch kommen sollten. Dunkelheit. Sterne. Rauch. Himmel aus fast pechschwarzem Stahl.

Mein Blick fiel auf ein seltsames Phänomen am Himmel. Nordlichter erklärte man mir. Ich sah genau hin, fühlte mich einerseits plötzlich klein und unscheinbar, andererseits als Teil von einem Wunder.

Wir Männer saßen um das Feuer herum. Wir erzählten von unsren Abenteuern bei der Armee und sinnierten über den Sinn des Lebens. Den Kaffeepott in der Hand, die Gesichter rot vom Schein der Feuerglut, lauschten wir in die Nacht. Wissend oder zumindest ahnend, dass wir gerade Momente lebten, die so nicht wiederkehren würden. Später sollte sich diese Ahnung bewahrheiten. Zumindest ich war der Meinung, dass ich gerade Zeuge eines großen Abenteuers war.

Oft kam es vor, dass einer der Hunde ein Rentier, einen Luchs oder einen Elch witterte. Dann schlug er ein Klagen an, das durch Mark und Bein drang. Die anderen nahmen dieses Klagelied auf.

Es wird Zeit!

Bei völliger Dunkelheit und unter dem Bann des Großen Wagens machten wir uns auf dem Rückweg.

An dieser Stelle möchte ich meine Leser auf das Buch *Lied der Wildnis* von Gary Paulsen hinweisen. Seine Huskies lehrten Gary,

Teil der Natur zu sein. Mit einem großartigen Schreibstil erzählt Gary von seinem ersten *Iditarod*, dem härtesten Schlittenhunderennen der Welt, das ihn und sein Gespann quer durch das Landesinnere Alaskas führte. In nur siebzehn Tagen und Nächten bewältigten er und die Hunde etwas mehr als eintausend Meilen von Anchorage bis nach Nome an der Beringsee. Ich habe das Buch zweimal gelesen und verspüre Lust, es noch einmal in die Hand zu nehmen.

Wieder zurück in Jokkmokk, wartete Emmylou schon ungeduldig auf mich. Sie hatte keine Ruhe gefunden, und so musste ich ihr, bevor sie einschlafen konnte, erst ausführlich von meinem Abenteuer erzählen.

Auf der Rückfahrt von diesem Event und wieder unterwegs nach Hause, kam ich mitten in der Nacht im Schneegestöber von der Fahrbahn ab und schlitterte mit meinem Pkw in den Straßengraben. Das war mal wieder typisch, denn die ganze Strecke durch diese Kältesteppe kam uns kein einziges Fahrzeug entgegen. Doch urplötzlich tauchte mitten in der Nacht ein Lkw vor uns auf. Er fuhr schnell, zog einen unendlich langen Schweif aus Eis- und Schneekristallen hinter sich her. Vom Winterzauber geblendet, zog ich das Steuer etwas zu weit nach rechts, kam von der Fahrbahn ab und landete im hüfthohen Schnee. Uns beiden ist nichts passiert, wir wurden nur kräftig durchgeschüttelt, doch der Motor ging aus und, egal, was ich tat, er ließ sich nicht mehr starten. Ein Blick aufs Handy sagte mir, dass der Unfall wohl auch das Netzwerk weggebeamt hatte. Weder konnte ich einen Abschleppdienst noch Diana oder gar meine Freunde in Jokkmokk über unsere Misere unterrichten.

Meines Wissens lagen die Temperaturen in dieser schrecklichen Nacht bei minus 24 Grad. Wir befanden uns in einer prekären Situation. Aber abgesehen davon, dass ich meine komplette Winter-Outdoor-Ausrüstung im Kofferraum hatte, war es damals schon ein Grundsatz von mir, immer zusätzlich noch ein den Jahreszeiten und dem Wetter angepasstes Notfallset dabei zu haben. Das umfasste:

- Einen Schlafsack für jeden.
- Decken. Jacken. Mützen und Handschuhe.

- Eine Axt. Ein scharfes Messer. Einen Gaskocher. Kaffee und Kerzen.
- Eine Taschenlampe und natürlich Streichhölzer und Feuerzeug.
- Eine solarbetriebene Powerbank, um das Handy aufzuladen.
- Ein Dutzend Energieriegel sowie ein oder zwei MREs.

MREs (Meals Ready-to-Eat, Überlebensrationen) sind uns auch unter dem Namen Einmannpackung (EPa) bekannt. Na ja, zumindest waren sie das mal. Bis eben ein besonders kluger Intelligenzbolzen den Namen Einpersonenpackung dafür ausgesucht hat. Einmannpackung war ihm wohl zu männlich.

Die getroffenen Vorsichtsmaßnahmen haben in dieser Nacht wohl alles Übel von uns ferngehalten. Eine kurze Anmerkung noch dazu. Fährst du nachts und mitten im Winter auf den Straßen Nordschwedens, so kommt es dir oft so vor, als würdest du ständig den befahrbaren Weg suchen müssen. Das kostet Kraft und erfordert höchste Konzentration. Alles ist weiß, jeder Zentimeter der an dir vorbeifliegenden Landschaft gleicht dem anderen. Oft, so kommt es mir selbst vor, muss ich mein Auto eben durch die Schneise lenken, in der keine Bäume stehen. Das ist dann die Straße. Die rechte und linke Grenze derselben wird in der Regel durch rot-weiß bemalte Stangen markiert. Je weiter du aber nach Norden kommst, desto weniger rot und weiß und Stangen überhaupt gibt es. Dann stehen dort nur vom Wind gebeutelte krumme Holzstecken, an deren oberen Drittel ein auf und ab tanzender, in der Dunkelheit gerade noch sichtbarer Farbklecks zu sehen ist.

ZWISCHENDRIN

Was gefällt dir an Schweden bislang am besten, Diana?

Die Weite, die Natur und die Stille.

Und was gefällt dir nicht so gut?

Zwei Dinge.

1. *Die kleinen Leute werden klein gehalten. Es gibt zu hohe Abgaben. Sich etwas aus eigener Kraft erwirtschaften und reich damit werden, ist fast ein Ding der Unmöglichkeit.*

2. *Landflucht: Die kleinen Dörfer und Städte im Norden sterben aus. Sie erhalten zu wenig Subventionen vom Staat. Es gibt zu wenig (eigentlich gar keine) Arbeitsplätze, kaum Kinos, gute Cafés oder Restaurants, so gut wie keine Theater. Die Jungen zieht es in die Städte. Es bleiben fast nur noch die Alten.*

In dieser scheußlichen Nacht sind vier Pkws an uns vorbeigefahren. Alle haben angehalten, uns ihre Hilfe angeboten. Und das, obwohl sie Emmylou nicht sehen konnten. Die hatte ich nämlich in Decken verpackt und zum Schlafen auf die Rückbank verdonnert. In Deutschland, so bin ich mir sicher, hätte niemand angehalten. Die Leute hätten sich gesagt: Stockdunkle Nacht. Ein südländisch und grimmig aussehender Typ mitten auf der Straße? Nur nicht anhalten, das riecht nach Hinterhalt!

Ein paar Monate nach unsrem Survival-Abenteuer kamen wir noch einmal in der Gegend vorbei und natürlich machten wir wieder bei unsren Freunden in der Nähe von Jokkmokk Halt. Diesmal ereignete sich dort etwas, das vor allem Dina ihr Leben lang nie vergessen wird. Sie und die Frau meines Freundes waren gerade dabei, die Zwinger vom Hundekot, hinterlassen von knapp fünfundzwanzig Grönlandhunden, zu säubern, als plötzlich eine sehr schöne, große Hündin sich vor meiner Frau aufbaute, zu ihr aufsah und mit einem Mal schrecklich zu heulen begann.

Ihr Name war Ruby. Ruby hatte ein hellblaues und ein dunkelbraunes Auge. Für eine Grönlandhündin war sie groß. Ihr Fell, haselnussbraun und schneeweiß, glänzte im Schein der untergehenden Sonne. Es sah aus, als leuchtete sie von innen heraus. Abseits dieser optischen Betrachtung wirkte sie verzweifelt. Deshalb wohl auch ihr Klagen. Da die Zeit drängte, wandte Diana sich von ihr ab und machte Anstalten, auf den Ausgang des Zwingers zuzulaufen. Kaum hatte sie zwei Schritte getan, versperrte Ruby ihr den Weg. Sie wollte sie partout nicht vorbeilassen. So ging es fast eine halbe Stunde hin und her, bis ihrem Besitzer schließlich die Hutschnur platzte.

 Dann nehmt sie doch einfach mit, wenn es das ist, was sie möchte!

Und so kam Ruby zu uns. Als hätte sie jedes Wort verstanden, rannte sie im Schweinsgalopp durch die Zwingertür und sprang in den offenstehenden Kofferraum unseres Suzuki.

Ruby ist ein Phänomen. Phänomene sitzen nicht etwa brav in der Ecke, sondern sie liegen auf der Couch. Auf meinem Platz noch dazu! Ich weiß nicht, wie oft ich mit ihr an diesem Ich-liege-nur-auf-dem-Sofa-gut-Komplex gearbeitet habe, aber irgendwie fand ich wohl nie die richtigen Worte.

Ansonsten war Ruby aber alles andere als faul. Ganz im Gegenteil. An einem einzigen Tag konnte sie Strecken bis zu 180 Kilometer zurücklegen: Ihr gesamter Körper war auf Ausdauer ausgelegt. Habe ich Zeit, nehme ich sie mit in den Wald. Dann steht Joggen auf dem Programm. Acht Kilometer müssen es schon sein. Für Ruby sind das Peanuts, aber es ist schön, sie toben, schnüffeln und spielen zu sehen. Behandelst du sie gut, hört sie aufs Wort. Wehe aber, du verletzt ihre Gefühle. Sie legt sich dann demonstrativ auf den Rücken und das war's. Kein Kommando der Welt kann sie dazu bewegen, wieder aufzustehen. Das Einzige, was hilft, ist eine vollmündige, glaubhafte und laut an sie herangetragene Entschuldigung. Und glaubt mir, sie kann Aufrichtigkeit und Heuchelei perfekt auseinanderhalten.

Ruby ist sehr geräuschempfindlich. Einmal, es war ein Silvesterabend gegen 20h00, ging ich mit ihr raus in den Wald. In ihr Revier. Das war lange, bevor die Knallerei losging. Wir hatten minus 32 Grad. Auf dem Weg nach Hause explodierte für das menschliche Ohr kaum hörbar irgendwo ein Böller. Sie, die immer tapfer und frei von Angst war, wurde von einer Sekunde auf die nächste völlig mutlos. Den Bruchteil einer Sekunde erstarrte sie auf der Stelle. Dann lauschte sie ungläubig in die Nacht, schüttelte sich, drehte um und rannte wie von Sinnen zurück in den Wald. Meine Rufe geflissentlich ignorierend, war sie schon zehn Sekunden später außer Sichtweite. Es war meine Schuld. Ich hatte es versäumt, weiter zu denken, als meine Nase lang ist.

Zwei Stunden lang suchte ich vergebens nach ihr. Erst als die Kälte mich in die Knie zwang, kehrte ich mit der Schreckensnachricht nach Hause zurück. An Schlaf war für mich in dieser Nacht nicht zu denken.

Alle zwei Stunden stand ich auf. Ich ging runter ins Erdgeschoss, öffnete die Tür, wollte nachschauen, ob sie vielleicht nicht doch den Weg zurückgefunden hatte: umsonst. Ruby blieb verschwunden. Natürlich machten wir uns alle große Sorgen, doch wir kannten auch ihre Vergangenheit. Unter mindestens 25 anderen Grönlandhunden hatte sie in einem offenen Zwinger im Rudel gelebt. Selbst bei Temperaturen um die minus 45 Grad war dieses Rudel ständig im Freien. Um sich vor der eisigen Kälte und dem frostigen Nordwind zu schützen, gruben sie sich tiefe Löcher. Wenn der Boden zu hart war, ließen sie sich einfach zuschneien. Und so konnte, dachten wir, die Kälte auch unserer Ruby in dieser Silvesternacht nichts anhaben. Aber die Angst war da. Es geschah ein Wunder, an das ich heute noch nicht so richtig glauben kann – obwohl ich es mit eigenen Augen gesehen habe.

Früh um sechs öffnete ich die Tür erneut. Weil ich Hoffnung hatte. Und dort lag sie. Das Fell verzottelt, ja, völlig vereist. Das schmale Gesicht fragend mir zugewandt, sie selbst aber putzmunter.

Ruby!

Ihre Augen sprachen Bände davon, was sie in jener Nacht allein im Wald erlebt hatte. Sie hatte Glück, dass die Luchse sie nicht erwischt hatten. Obwohl die Ansicht weitverbreitet ist, dass Luchse Einzelgänger sind, habe ich mehrmals schon zwei oder drei von ihnen ganz eng beieinander gesehen. Es waren große Tiere und so ein Grönlandhund wäre für sie eine leichte Beute gewesen. Aber egal. Ruby war wieder da und für uns war ihre Präsenz wie immer ein großes Geschenk. Wir dankten dem Gott der Wälder, dass er sie wieder ausgespuckt hatte. Auch wenn es anfänglich die Angst war, die Ruby in die Wälder gescheucht hatte, so war ihr Handeln für mich eine unvergleichliche Lehre von Mut und von der Gabe, den miserablen Bedingungen zum Trotz zu überleben. Sie wollte überleben und wusste, dass sie es konnte.

Ich wollte noch davon erzählen, wie Bailey fast zu Tode kam. Wir waren bei stockdunkler Nacht mit ihm draußen unterwegs. Diana hatte Bailey nicht an die Leine genommen, weil um die Uhrzeit normalerweise keine Menschenseele mehr anzutreffen war. Doch der Teufel war in dieser Nacht ein Eichhörnchen. Wie aus dem Nichts schälten sich urplötzlich Scheinwerfer aus dem Dunkel der kalten Nacht und noch bevor Diana Bailey zurückhalten konnte, war dieser auch schon mit wehenden Fahnen unterwegs. So schnell er nur konnte, rannte er direkt auf das Auto zu. Sein Kopf prallte mit Wucht gegen das rechte Vorderrad und schon lag er da. Tot, wie wir glaubten. Der Zusammenprall war so heftig, das konnte er *unmöglich* überlebt haben. Ich kniete neben seinem leblosen Körper, nahm ihn in meine Arme und sah Diana ratlos an. Diana, völlig aufgelöst, konnte gar nicht reden. Heiße Tränen zogen dünne Bahnen durch die Eiskristalle auf ihrem schönen Gesicht.

Als ich Anstalten machte, Bailey nach Hause zu bringen, bewegte er sich plötzlich. Er hob sein Köpfchen, sah mich verdattert an und tat so, als wäre nie etwas passiert. Nun wissen wir bis heute nicht, warum er einfach ohne Grund und ohne Not auf das Auto zu gerannt ist. Und es wird uns ewig ein Rätsel bleiben, wie er diesen furchtbaren Zusammenprall überleben konnte.

Ein Selbstversuch

Es gibt da eine typisch schwedische Spezialität, die du unbedingt mal probieren musst!

Babette sah mich mit einem schelmischen Gesichtsausdruck an und fügte so leise sie konnte hinzu:

Dazu bräuchte es aber Mut.

Das war eine Herausforderung. Babette hatte mich bewusst zum Tanz aufgefordert. Ich hatte Competition im Blut und sagte mir jemand, das geht nicht, das kannst du nicht oder dazu braucht es Mut: touch!

Ach so? Mut? Erzähl!

Surströmming, hauchte sie, stand auf und verschwand in der Küche, von wo ich Diana und sie laut kichern hörte. So ganz nach dem Motto: er hat angebissen! Ich nahm die Sache sofort in Angriff und rannte rüber zum Nachbarn.

Surströmming ist Kult, sagte er. Und er begann zu erzählen. *Es ist fermentierter Hering. Unsere alten Leute mögen ihn. Sie haben gerne Kult und Kultur auf ihren Tellern.*

Eines gleich vorweg. Ich habe ihn probiert. Diesen Monsterfisch. Dieses Unding. Diesen kulinarisch aus der Reihe tanzenden Auswuchs, von dem einige sagen, er schmecke nach Leiche. Das konnte ich deshalb schon nicht bestätigen, weil ich noch nie eine Leiche auf meinem Teller hatte. Andre meinen, er schmecke nach Fäulnis und Verwesung. Wobei wir wieder bei der Leiche wären.

Bei *Surströmming* handelt es sich in der Tat um fermentierten Hering. Man findet ihn nicht in jedem Supermarkt. Die, die ihn noch führen, verstecken ihn wohl in den hintersten Regalen, denn man muss wirklich lange suchen, um fündig zu werden. Die Dosen erkennt man sofort. Der Gärprozess hat sie richtiggehend verbeult. Bevor man die Dosen öffnet, sollten sie einige Tage im Kühlschrank bleiben. Das hemmt angeblich die Aromen.

Ich öffnete die Dose mit dem Messer. Im Freien, versteht sich. Und ich achtete darauf, sie schräg zu halten, sodass der entweichende Strahl mich nicht traf. *Surströmming* auf Hemd und Hose bringt wochenlangen Ärger mit der Frau, denn Stinkefisch und Intimität vertragen sich nicht! Andere öffnen die Dose in einem mit Wasser gefüllten Eimer. Das hilft gegen den Geruch und verhindert, angespritzt zu werden.

Traditionell wird der Hering mit *Tunnbröd*, eine Art Knäckebrot, gegessen. Zuerst wusch ich den Hering unter fließendem Wasser. Nachdem ich ihn in winzige Teile geschnitten hatte, nahm ich eine Scheibe *Tunnbröd*, bestrich sie großzügig mit saurer Sahne, gab etwas geraspelten Käse, Zwiebel- und Tomatenscheiben darauf. Ganz obendrauf packte ich behutsam die müffelnden Fischstücke. Dazu gab's Pellkartoffeln und Bier: *Smaklig måltid!*

Wer noch nie in seinem Leben *Surströmming* gegessen hat, sollte behutsam damit anfangen. Drei bis vier kleine Stücke von jeweils drei bis vier Gramm genügen für den Anfang, denn selbst gewaschen ist der Hering noch extrem schmackhaft.

Mein Fazit nach meinem ersten Selbstversuch? *Surströmming* ist wie Französisch-Guyana. Man liebt oder man hasst es. Ein Zwischending ist unmöglich.

Tipps rund ums Auto im tiefsten schwedischen Winter

Wenn ihr im Winter in Nordschweden mit dem Auto rausmüsst, stellt euch vor eurer Abfahrt immer die Frage: Was wäre das Worst-Case-Szenario? Was machen wir, wenn plötzlich das Auto nicht mehr will oder kann? Denkt zuallererst an Wärme, dann an Essen und Trinken für mindestens 48 Stunden. Und denkt an Kommunikation. Zwei Tage völlig isoliert und autonom zu überleben, das muss einfach drin sein. Wenn während der Fahrt eure Tanknadel ein Drittel anzeigt (bitte nicht weniger), fahrt sofort die nächste Tankstelle an. Ich hatte Strecken zu bewältigen, auf denen es über hundert Kilometer hinweg keine einzige Tankstelle gab. Sollte dein Navi dich dann auch noch in die Irre führen (oder wie es mir schon passiert ist, des Nachts in die tiefsten Wälder, wo es nur Bären und Elche gibt), bleiben dir womöglich nur die Augen zum Weinen. Zumindest wenn du nicht vorgesorgt hast.

Es tauchten via YouTube-Community mehrere Fragen auf. Eine bezog sich auf Zecken. Es wurde gefragt, wie ich in Schweden als Waldmensch damit umgehe. Die Antwort war einfach. In meiner ganzen Zeit hier in Schweden habe ich nur ein einziges Mal eine Zecke zu Gesicht bekommen. Und die klebte eines Tages an meinem Hintern.

Hier in Nordschweden fahre ich im Winter immer mit Spikes. Man nennt sie *dubbdäck*. *Dubbdäck* dürfen im Zeitraum zwischen dem 1. Oktober und dem 15. April gefahren werden. In Deutschland wurden Spikereifen schon 1975 abgeschafft. Hier ist das anders und das ist auch gut so, denn aufgrund der niedrigen Temperaturen und zurückführend auf die Tatsache, dass in den nördlichen Regionen Schwedens kein Salz gestreut wird, vereisen die Straßen sehr schnell. Es wird ständig geräumt, die Räumfahrzeuge sind Tag und Nacht unterwegs. Dennoch bilden sich auf den vereisten Straßen oft tiefe Furchen und Rillen. Diese sind für alle Autofahrer eine richtiggehende Herausforderung. Ich denke sogar, dass selbst wenn man Salz streuen würde, dieses gar keine Auftauwirkung entfalten könnte.

Beginnend vom 1. Dezember bis zum 31. März besteht für alle Pkws wie auch für Anhänger (Gespanne) eine Winterreifenpflicht. Wer auf Details achtet, sollte sich auch erkundigen oder sich darüber Gedanken machen, ob die deutschen Winterreifen, ausgelegt für bis zu minus 10 Grad, dem schwedischen Winter auch standhalten. Aus Erfahrung kann ich sagen: Ja! Aber gerade mal so.

Ein Pkw mit Allradantrieb und Anhängerkupplung ist hier oben ein wertvolles Plus. Fast alle Schweden haben Motorwärmer (*Motorvärme*) mit Innenraumheizer in ihre Autos eingebaut. Diese Anlagen sind klein und wärmen, wie der Name schon richtig sagt, den Motor vor. Das ist bei diesen Extremtemperaturen im Winter auch deshalb gut, weil Schaden vom Motor abgewandt wird. In der Kaltlaufphase verschleißt der Motor am stärksten, und die *Motorvärme* trägt zur Verschleißminderung sehr viel bei. Und natürlich springt der vorgewärmte Motor fast sofort an. Du kannst diese Geräte via Zeitschaltuhr oder Funksteckdose vorprogrammieren. Mein Suzuki (Benziner) startet selbst bei Temperaturen von minus 35 Grad noch problemlos an. Der Bus hingegen (Diesel) streikt bereits bei minus 10. Da hilft auch kein Winterdiesel.

Anbei noch einige Zeilen zu den Reisemöglichkeiten hier in Schweden. Das Bahnnetz wird von SJ betrieben. Oft kommt es vor, dass ich von meinem Heimatort den Zug Richtung Stockholm nehmen muss. Natürlich könnte ich auch bequem mit dem Flugzeug von Östersund aus nach Stockholm fliegen, doch mit dem Zug macht das Reisen viel mehr Spaß. Züge buchst du grundsätzlich online. Die Fahrten sind weder billig noch übertrieben teuer. In jedem Abteil hast du eine stabile Internetverbindung und einen dir zugewiesenen Platz. Das Zugrestaurant ist meist nicht weit weg.

Wenn du fliegen möchtest, ist das auch kein Problem. Alle größeren Städte in unserer Nähe, Sundsvall, Kramatorsk oder etwa Östersund, um nur diese drei zu nennen, bieten günstige Inlandsflüge an.

Wählt man die Option Kfz oder Bahn sollte man im Winter nur eben immer damit rechnen, dass es wegen dichter Schneefälle zu Verzögerungen (oder Ausfällen) kommt.

Aber als gewiefte Auswanderer haben wir im Winter immer einen Plan B in der Tasche. Von Sundsvall fährt auch ein FlixBus Richtung Flensburg und Hamburg. Die Reise geht an der 1.071 Kilometer langen Strecke Sundsvall, Stockholm, Malmö und Kopenhagen (Dänemark) entlang. In Sachen Mobilität sind wir also gut bedient und immer rechtzeitig dorthin gekommen, wo wir auch hinwollten.

Das schwedische Schulsystem

Fast alle schwedischen Kinder besuchen ab dem vierten oder fünften Lebensjahr die Vorschule (*förskola*). Die *förskola* wurde früher auch *Dagis* genannt. Die Gemeinden sind hernach dazu verpflichtet, jedem sechsjährigen Kind einen Platz in einer Vorschulklasse anzubieten. Hiermit beginnt für alle jetzt inzwischen sechs- oder siebenjährigen Kinder die allgemeine Schulpflicht. Vielleicht würde man in Deutschland diese *förskoleklass* erste Klasse nennen, aber sei es.

Die allgemeine Schulpflicht besteht bis zum sechszehnten Lebensjahr. Das Kernstück des Schulsystems bildet die neunjährige Grundschule (*Grundskola*). Nach Abschluss der Grundschule haben alle Kinder (jetzt im Teenagealter) das Recht, eine weiterführende Schule zu besuchen. Erst jetzt trennt sich gegebenenfalls die Spreu vom Weizen, und zwar mit Beginn einer dreijährigen Gymnasialschule (*Gymnasieskola*). Diese ist in der Regel sehr praktisch bezogen und bereitet die Schüler ganz gezielt auf einen Beruf oder auf ein weiterführendes Studium vor. Die Schüler können zwischen zwei hauptsächlich studienvorbereitenden und vierzehn berufsvorbereitenden Ausbildungsprogrammen wählen.

Unsere Kinder gehen gerne in Schweden zur Schule. Warum, ist mit ein paar Worten erklärt. Sie erfahren Wertschätzung. Man nimmt sie ernst, hört ihnen zu. Das Miteinander, nicht das Gegeneinander steht im Vordergrund. Wenn ein Kind vom Fachlichen her eigentlich eine Eins (hier ein A) hätte, es das Teamwork und das kollektive Wir aber hintanstellt, wird das mit der Eins nichts. Top, kann ich da als alter Militär nur sagen. Noten gibt es erst ab der sechsten Klasse. Die Kinder werden nicht in Schemen gepresst, wie es in Deutschland sehr oft der Fall ist, sondern sie können sich ihrer Art und ihrem Wesen nach frei entfalten. Allgemein kann man sagen, dass Kinder hier nicht als notwendiges Übel angesehen werden.

Kinder, die nicht so gut folgen können, werden nicht allein gelassen, und glaubt mir, die Kinder spüren und honorieren das. Es herrscht ein liebevolles, aber konsequent angewandtes Miteinander, wobei man, was das Miteinander angeht, auch Ausnahmen macht. Ein Beispiel dazu aus der Kita. Wenn alle Kids draußen spielen und Jophiel plötzlich weint, weil ihm kalt ist, dann darf er reingehen. Oder er weint, weil er nicht mit rausmöchte, weil ihm immer schnell die Hände kalt werden. Dann darf er drinbleiben. Ganz nach dem Motto: Dem Kind geht es nicht gut? Warum? Wieso? Wir kümmern uns! Wenn er sich zum Beispiel aber dafür entschieden hat, mit rauszugehen, er seine dicke rote Jacke mit der fluoreszenten Warnweste drüber nicht anzieht (Wärme und Sicherheit), dann wird ihm auch konsequent gesagt: Ohne geht es nicht, mein Junge. Auch wenn er jetzt dreimal den Rebellen spielt, setzen sich die Kitamädels bei ihm konsequent durch. Also ihr seht schon, man geht klug vor. Es wird sehr auf das Wohl der Kinder geachtet. Und das macht, dass die Kids fröhlich sind, sie sich gesehen fühlen. Die Kosten für einen Platz in der *barnomsorg* (Kita oder Kinderbetreuung) sind vom Gehalt der Eltern abhängig. Für Jophiel zum Beispiel, der jeden Tag von 09h00 bis 14h00 in die Kita will, weil auch seine Freunde in dieser Zeit dort sind, bezahlen wir 2 % unseres Einkommens. Anbei eine kleine Tabelle, die aber nur für unsere *Kommun* gilt. Anderswo wird das eben wieder anders gehandhabt.

- Kind 1: 3 % vom Einkommen – Höchstbetrag 1.688 SEK.
- Kind 2: 2 % vom Einkommen – Höchstbetrag 1.125 SEK.
- Kind 3: 1 % vom Einkommen – Höchstbetrag 563 SEK.
- Ab Kind 4: 1 % vom Einkommen – Höchstbetrag frei.[4]

Da man immer für den Platz zahlt, sind diese Gebühren auch dann zu entrichten, wenn zum Beispiel Sommerferien sind und das Kind mit den Eltern in den Urlaub fährt. Essen und Trinken sind natürlich

4 https://forskola.stockholm/avgifter/

mit inbegriffen. Ist das Kind älter als drei Jahre, gelten andere Tarife. Wenn Eltern nicht arbeiten oder wenn ein Elternteil nicht arbeitet, hat das Kind ein Recht auf fünfzehn Stunden Betreuung die Woche. Diese fünfzehn Stunden kann man sich frei einteilen, zum Beispiel Dienstag, Mittwoch und Donnerstag jeweils von 09hh00 bis eben 14h00. Wenn beide Eltern arbeiten, dürfen sie die Kids jeden Tag bringen, sie so lange dort lassen, wie die Kita geöffnet hat. Bei uns ist das 18h00.

Schule hingegen (und das Essen in der Schule) ist frei. Dass die Kinder gerne in die Schule gehen, sehen wir auch daran, dass sie den Ferienenden ungeduldig entgegenfiebern, was in Deutschland nie der Fall war. Natürlich tun sie das auch, weil sie dort ihre Freunde haben, aber hauptsächlich eben, weil sie sich in der Schule gut aufgehoben fühlen. Wie bereits erwähnt, spricht Emmylou schon sehr gut Schwedisch. Die beiden Großen, Jan und Helena, verstehen fast alles und sie sprechen die Sprache auch schon ganz gut. Das Tüpfelchen auf dem i ist, dass sie dabei gleichzeitig auch Englisch lernen.

Ansonsten nimmt man die Kids, wie sie sind, und versucht nicht, sie zu verbiegen. Es gibt kaum Druck und so können sie sich gut, und sich ihrer Stärken sehr wohl bewusst entfalten. Wir als Eltern beobachten diesen Prozess mit großer Freude und wir kommen immer wieder zu der Erkenntnis, die da wäre, dass Kinder allgemein ganz einfach faszinierend sind.

Die erträgliche Leichtigkeit des Seins

Die schwedischen Winter hier oben im Norden sind wie ein langer, sich langsam und leise dahinschlängelnder Fluss. Die Stille in solchen Zeiten ist mit Worten nicht greifbar. Der pure Wahnsinn, sage ich mir immer wieder. Wenn ich nachts das Haus verlasse und mit Ruby durch den Wald ziehe, kommt es mir vor, als hätte man mich hoch in die Stratosphäre in eine dunkle und nach außen gut abgeschirmte Parallelwelt katapultiert. Es ist gleich so ruhig, dass du glaubst, den Wald reden zu hören. Manch einem flüstert er betörende Dinge ins Ohr.

Die Menschen verlassen ihre Häuser nur, wenn es sein muss. Zum Einkaufen oder Gassigehen mit dem Hund oder so. Selbst dann, so habe ich das Gefühl, laufen sie bewusst langsam. Wären es Bären (unser Haus steht in einer Gegend mit dem weltweit dichtesten Braunbärenbestand), könnte man meinen, sie sind einer Art Winterschlaf verfallen. Auch wir genießen die Ruhe. Lassen uns treiben. Nur selten begegnet man mal den Nachbarn. Sie grüßen von Weitem. Kommt man sich etwas näher, duzt man sich aus Prinzip. Hier ist es völlig egal, ob jemand Chef einer großen Firma oder Hilfsarbeiter ist. In Schweden wird jeder geduzt.

Vor vereisten Türen und hinter eisverkrusteten Fenstern zeichnen sich Tierspuren im Schnee ab. Rehe, Füchse, ein Wolf! Ja, wir haben hier oben auch einen einsamen Wolf. Und einige Luchse. Bei Neuschnee gibt es keine Geheimnisse, keine Rätsel. Jeder, der ums Haus schleicht, wird entlarvt und jedes Lebewesen hinterlässt Spuren.

Das Wohnzimmer wird Zentrum des Lebens. So gut es geht lässt jeder seine Seele baumeln. Jeglicher Stress fällt ab. Ja, die Winter sind schon etwas Besonderes. Auf die Kleinkinder muss gut aufgepasst werden.

Uns ist es drei oder vier Mal passiert, dass Jophiel plötzlich verschwunden war. Wie vom Erdboden verschluckt. Als aktiver Soldat nahm ich sehr oft an Kommandolehrgängen am *centre national d'entraînement commando (CNEC)* teil. Mont-Louis liegt auf einer Höhe von knapp 1.750 Metern in den französischen Pyrenäen. Warum, weiß der Teufel, aber wir waren immer nur im Winter dort. Von daher weiß ich sehr gut, was Kälte beim Menschen anrichten, wie schnell brutal und vor allem wie leise sie töten kann. Das Problem ist aber nicht nur die grausame Kälte, sondern auch der hohe Schnee und die damit einhergehende schlechte Sicht. Läuft das Kleinkind aus welchen Gründen auch immer von zu Hause weg, hat es, je nachdem, wie es gerade angezogen ist, bei Temperaturen um die minus 35 Grad nur ein paar Minuten Zeit, bis der Tod seine Krallen nach ihm ausstreckt.

Da Jophiel immer wieder davonlief (er hatte Entdeckerblut in seinen Adern), waren wir, was die Suche anging, ein eingespieltes Team. Diana suchte immer zuerst das ganze Haus ab. Jan raste zum nahen Spielplatz, Helena zu den Nachbarn, die auch alle Kinder hatten. Ich derweil hielt nach Fußabdrücken im Schnee Ausschau. Sie könnten zum nahen Wald führen. So hatte jeder seinen Auftrag, seine rechte und linke Grenze und das Handy in der Beintasche. Die Sache war einfach. Jophiel, abgedampft und womöglich fest entschlossen, im Freien Verstecken mit uns zu spielen, hatte über die Zwanzig-Minuten-Grenze hinaus kaum Chancen, zu überleben. Vor allem dann nicht, wenn er nur mit seinem *Mamomie* (so nannte er seinen Schlafanzug) bekleidet war. Er war Meister in diesem Spiel, trieb das Ganze auf die Spitze des Unerträglichen.

Gefunden!, kam meist nach circa zehn Minuten die Meldung aus irgendeinem erleichterten Mund.

Einmal, ganz am Anfang, sind wir alle wie von Sinnen nach draußen gelaufen, um nach ihm zu suchen. Auch Diana. Wir suchten eine halbe Stunde lang erfolglos. Als wir kopflos und ziemlich verzweifelt heimkamen, hörten wir ein komisches Geräusch aus dem Küchenfach. Es kam von dort, wo die großen Töpfe standen. Dorthinein hatte sich der kleine Racker schweigend mit einer Tüte Bonbons verkrümelt. Deswegen suchte Diana nun immer zuerst das Haus ab. Die Erleichterung und die Freude, Jophiel immer irgendwie wieder zu finden, war stets größer als mein Zorn. Ich konnte ihm einfach nicht böse sein, war er mir doch so ähnlich.

Ich komme auf den Punkt: Passt in den langen Wintermonaten gut auf die kleinen Kinder auf. Lasst sie keinen Augenblick aus den Augen und sprecht euch ab, wie ihr eine eventuelle Suche angeht. Es muss schnell geschehen. Schnell und gut organisiert.

Für die beiden Holzöfen und die Küchenhexe brauchen wir etwa 35 Kubikmeter Holz im Jahr. Anfangs ließ ich mir von einem weiter entfernt lebenden Holzhändler Langholz (Birke) liefern. Die Länge betrug etwa acht Meter, der Durchmesser lag im Schnitt bei vierzig Zentimetern. Zudem besorgte ich mir eine Stihl-Kettensäge, einen Holzspalter und eine gute Axt. Das mit der Stihl passte vor allem dem schwedischen Rentner (Nachbar) nicht, und so verbrachten wir am Morgen des ersten Tages nach der Holzlieferung eine gute Stunde damit, Vor- und Nachteile der verschiedenen Motor- oder Kettensägen aufzuzählen. Es war lustig, er war nämlich der Ansicht, dass ich nur mit einer Kettensäge von Husqvarna (das schwedische Pendant) gut arbeiten könne. Ich wiederum pries lautstark die Vorteile einer guten Stihl. Holzsägen und -spalten war eine sehr gute Möglichkeit für mich, meinen Körper noch mehr zu stählen, doch es kostete sehr viel Zeit. Ich merkte, dass alles andere zu kurz kam. Und so ließ ich mir für das nächste Mal Schnittholz liefern. Birke. 35 Zentimeter lang. Gut getrocknet und in Säcke verpackt! Das war Ende Februar 2022, also kurz nach Russlands Angriff auf die Ukraine. Und natürlich drang der Gefechtslärm in Form von weltweit entrüsteten Europäern auch zu uns durch. Ich beglückwünschte mich im Nachhinein zu unserer Entscheidung, Deutschland verlassen zu haben.

Ich komme noch kurz auf die Holzpreise zu sprechen. In unsrem neuen Haus haben wir eine *CTC-V-25 ved-* oder *värmepanna*. Das ist eine Art Scheitholzkessel, ähnlich einem Naturzugholzkessel oder Holzvergaserkessel. Die Partikularität dieses Brenners ist, dass ich ihn mit einem einzigen Handgriff auf Elektrizität umstellen kann. Er heizt unser trautes Heim je nach Wunsch mit Strom oder eben mit Holz, aber auch in der Kombination. Für die Wintermonate Anfang November bis Ende April brauchen wir etwa vierzig Kubikmeter Holz. Mein Lieferant, derselbe, der mir auch das Fleisch liefert, berechnet uns 500 SEK pro Kubikmeter. Die Scheite sind extra für derartige *vedpannas* geschnitten, sind also mindestens siebzig Zentimeter lang. Das Holz, zu etwa 50 % Birke, ist trocken und hat einen sehr guten Brennwert.

Strom beziehungsweise Energie ist in Schweden ein hoher Kostenfaktor. Checkt bei eurem potenziellen Anbieter die verschiedenen Tarife. Wir haben *E.ON Sverige* und sind zufrieden damit. Heizt ihr mit Holz, was hier gang und gäbe ist, dann sorgt dafür, dass ihr euren Holzvorrat für den jeweils kommenden Winter (November bis Ende April) bereits bis spätestens Ende August im Schuppen habt. Wenn nicht, kauft nach, bevor der erste Schnee fällt. Einige Bauern liefern das ganze Jahr über Holz, diese musst du aber mit der Lupe suchen (oder du bist Schwede!). Oft ist es so, dass die Bauern das Holz nur bis Mitte, Ende August liefern. Danach ist Schluss. In einigen Regionen kann man tatsächlich nachbestellen, aber eben nicht überall. Auch mögen es die Holzlieferanten nicht, weite Strecken mit eurem Holz zurücklegen zu müssen. Das ist für sie unrentabel. Die Holzverkäufe für das darauffolgende Jahr beginnen meist erst wieder im April. Für die Lieferung muss extra bezahlt werden.

Noch kurz was zum Strom (Elektrizität). In ländlichen Gegenden sind Stromausfälle nicht selten. Das liegt hauptsächlich daran, dass der Strom via Freileitung (Luftleitung) zugeführt wird. Heftiger Schneefall sorgt im Winter immer mal für Probleme. Einmal war der Strom zwei Tage lang weg. Für uns war das ganz okay. Die Kinder fanden es megaspannend, nachts mit Lampen und Laternen durch das stockdunkle Haus zu geistern. Denkt also an diese Eventualität und deckt euch mit genügend Brennholz, Kerzen, Lampen (Batterien dafür), Streichhölzern etc. ein. Aus Erfahrung schlau geworden, haben wir für alle Fälle vorgesorgt. Unter anderem besitzen wir fünf große Petroleumlampen und zwei große Kanister Lampenöl. Wenn ihr im Winter Berufs wegen Arbeiten am PC habt, speichert eure Daten kontinuierlich ab.

Die nächste Arbeit bestand darin, einen Zaun um unsren Garten zu bauen. Typisch deutsch, sagen die einen; absolut notwendig, kontere ich. Nur ganz wenige Schweden haben einen Zaun um Haus und Garten. Das sieht man hier so gut wie nie. Vor unsrem Haus aber verlief eine Straße. Gut, sie war nicht viel befahren, aber es war trotzdem eine gottverdammte Straße. Ab und zu preschten mit Holz beladene Lkws Richtung Süden und ich hatte Angst um die Kinder. Baute ich einen Zaun, so meinte ich, konnte ich sie einfach in den Garten schicken, wenn sie spielen wollten. Und die Hunde gleich mit. Wir hatten Mai und die Erde war nicht mehr gefroren. Ich fuhr also mit dem Bus zum nächsten Baumarkt (Byygmax), kaufte Bretter, Schrauben und alles, was man eben noch so zum Zaunbauen braucht. Der fertige Zaun war richtiggehend hässlich. Er verlief schief und quer durch schwedisches Gebiet, aber es war meiner. Ich hatte ihn gebaut. Gerne gebe ich an dieser Stelle zu, dass ich wenig handwerkliches Geschick besitze, wenn es darum geht, mit Hammer, Nägeln, Schrauben und Akkubohrer zu hantieren. Ich spreche von den Feinarbeiten, wo jeder Zentimeter passen muss. Aber ich lerne gerne dazu und schau mir auch viel von Diana ab. Sie hat das Handwerk im Blut.

Im Anschluss erteilten mir Kind und Hund eine Lektion. Als der wunderschöne 1,2 Meter hohe Zaun stand, kletterten die Kids einfach drüber und die Hunde gruben Löcher. So gelangten Zwei- und Vierbeiner im Nu in die Freiheit. Ich schluckte die bittere Pille: So geht Leben eben, sagte ich mir.

Wir hatten jetzt also ein Haus, einen Garten; die Sache mit Schule und Kita und noch so einiges anderes war geklärt. Jetzt galt es, das Haus etwas zu möblieren. Einiges war schon da, aber das war uralt und gefiel uns ehrlich gesagt auch nicht sonderlich.

Kurzum schnappte ich mir Diana und gemeinsam fuhren wir mit dem T-777 die *Loppis* in der Gegend ab. In Schweden heißen Trödel-, Antik- und Flohmärkte *Loppis*. *Loppis*, das muss man wissen, sind sehr beliebt. In Sollefteå, der nächstgrößeren Stadt, gab es damals eine *Loppis* namens Erikshjälpen und hier schlugen wir zuerst zu. Für wenig Geld fanden sich wahre Schätze, Dinge wie Betten, Tische, Stühle,

Lampen und andere wichtige Accessoires mit Charakter für unser neues Zuhause.

Zu *Secondhand* möchte ich noch etwas erwähnen. Meine erste Frau, ich bin inzwischen zum dritten Mal verheiratet, hasste alles, was von anderen Menschen schon mal getragen oder benutzt war. Ich kann mich gut an eine Szene in Nizza erinnern. Das dürfte im Jahr 1990 gewesen sein. Während eines Urlaubs bei einem guten, in die Jahre gekommenen Legionsfreund, der mitten in der schönen Altstadt von Nizza eine Eigentumswohnung besaß, bummelten wir durch die anmutigen Gassen der benachbarten Stadt Antibes.

Nach einem Besuch des Picasso-Museums wieder zurück in Nizza, stieß ich auf einen winzigen (andere würden sagen auf einen schäbigen) Secondhandladen. Ein gelbgrüner Fleck hinter der Schaufensterscheibe zog mich nahezu magisch an. Es handelte sich um einen Overall. Unsere gemeinsame Tochter brauchte dringend etwas Warmes zum Anziehen für den nahen Winter. Dem Unmut meiner Begleiterin zum Trotz betrat ich den Laden und kaufte das Teil. Es war ein herrlicher Overall. Neuwertig, super Qualität, sauber und kuschlig warm. Ich hatte null Problem damit, meine Tochter damit herumlaufen zu sehen. Snobismus war mir immer schon ein Fremdwort, wusste ich doch um den Wert des Geldes und wie schwer es sich verdient. Nun, was soll ich sagen, meine Frau nahm das Teil entgegen und auf magische Art und Weise verschwand es heimlich zunächst in den Tiefen des Kleiderschrankes unserer Tochter und dann, irgendwann später, im Mülleimer. Und hier habe ich die Schnittstelle: Wenn ihr im Leben etwas erreichen wollt, und sei es nur einen Titel wie *stolzer Hausbesitzer in Nordschweden*, dann achtet auf jeden Cent. Seid euch nie zu schade, genau diesen einen lausigen Cent dreimal rumzudrehen und habt den Spruch *Hochmut kommt vor dem Fall* immer im Kopf.

Da wir schon in Nizza sind, schlage ich gleich die Brücke nach Schweden. In einer Seitengasse unweit der *Promenade des Anglais* gab es ein feines und renommiertes Schwedenrestaurant. Wir kehrten ein, klar. Auch deshalb schon, weil die Schwester meiner damaligen Frau (sie war mit einem Schweden verheiratet) immer von Schwedens kulinarischen Leckerbissen geschwärmt hat. Das Restaurant war gepflegt. Das Ambiente exzellent. Es gab verschiedene Sorten von Hering mit Pellkartoffeln. Das Essen selbst war hervorragend.

Erst fünfunddreißig Jahre später kam die kulinarische Ernüchterung. Fast alle Restaurants in unserer Gegend sind fest in Händen von Türken, Filipinos oder Thais. Spezialitäten des Landes sucht man auf deren Speisekarte umsonst. Außer in einem Vier-Sterne-Hotel ganz in der Nähe habe ich in Schweden noch nicht wirklich exzellent essen dürfen. In den großen Städten im Süden sieht das sicher ganz anders aus und somit dürfte sich meine hier geäußerte Kritik relativieren. Aber leider bin ich nicht der Typ Mann, der, um gut zu essen, mal schnell einige Hundert Kilometer Richtung Süden rast.

Hauskauf in Schweden

Vorab schon mal die gute Nachricht. Um als Deutscher in Schweden ein Haus zu kaufen, brauchst du keine Aufenthaltsgenehmigung oder etwas in dieser Art. Alles, was du dazu benötigst, ist:

- Die Entscheidung.
- Einen gültigen Ausweis.
- Etwas Geld.

Wie ihr gleich sehen werdet, braucht man dafür auch nicht unbedingt einen Immobilienmakler oder gar eine PN. Ich werde mich jetzt nicht auf legale Textpassagen oder juristische Abhandlungen besinnen, sondern alles einfach so erzählen, wie es vor Ort in Nordschweden Usus ist und wie wir es tatsächlich erlebt haben.

Kommen wir zunächst zu unsrem Haus in Åsmon. Zuerst haben wir es gemietet. Von einem Deutschen, wie ihr bereits wisst. Da wir uns aber so in das Haus und in den Ort vernarrt hatten, zogen wir in Erwägung, es zu kaufen. Da unsere finanziellen Mittel jedoch beschränkt waren, wir deshalb sehr vorsichtig damit umgehen mussten, blieb der Traum vom eigenen Haus in Schweden zunächst ein Planspiel. Eines von der Sorte, das nur in unseren Köpfen stattfand.

Irgendwann aber packte mich der Mut. Ich kontaktierte Rolf und fragte ihn ganz direkt, ob er uns das Haus verkaufen würde und wie viel er dafür haben wollte.

200.000 Kronen, sagte er.

Ich schlug sofort ein, sagte zu, und somit war der Hauskauf unter Männern beschlossene Sache. Natürlich fehlten jetzt noch einige Formalitäten. Zunächst luden wir uns aus dem Internet einen (schwedischen) Standard-Kaufvertrag und den Kaufbrief herunter. Danach machten wir uns auf die Suche nach zwei Zeugen, deren Namen und Signaturen auf dem Vertrag nicht fehlen durften. Auch der Verkäufer rückte am großen Tag feierlich mit zwei Zeugen an. Den ausgefüllten und unterschriebenen Kaufbrief schickten wir zum zuständigen *Lantmäteriet* (ähnlich Landvermessungsamt), wo das Haus per Eintrag und mit offizieller Bescheinigung den Besitzer wechselte. Nachdem wir die Grundsteuer bezahlt hatten, war die Sache durch. Wir waren stolze Hausbesitzer.

Das verlief schon deshalb sehr einfach und unkompliziert, weil eben Käufer und Verkäufer Deutsche waren. Ist der Verkäufer Schwede, liegen die Hürden, so habe ich mir sagen lassen (und später auch selbst erlebt), etwas höher. Bei unsrem zweiten Haus sah nämlich alles ganz anders aus. Wir kauften es von einer Schwedin. Noch während der Hausbesichtigung waren Diana und ich uns einig. Wir wollten das Haus. Die schwedische Verkäuferin jedoch zögerte. Warum?

Weil wir keine Bank-ID hatten! Und zunächst auch keinen Bürgen!

An dieser Stelle kam Nicole ins Spiel. Sie hatte bereits eine Personnummer und auch eine Bank-ID. Und sie bürgte für uns, was die Schwedin und Hausbesitzerin durchaus akzeptierte. Wir erstanden das Haus schließlich für satte 650.000 SEK (damals knapp 56.500 EUR), mussten, so sah es das Gesetz vor, zehn Prozent sofort anzahlen. In diesem Stadium erfolgte dann die gleiche Prozedur wie schon beim ersten Hauskauf. Kaufvertrag und Kaufbrief wurden ausgefüllt und unterschrieben. Der Kaufbrief ging per Post Richtung *Lantmäteriet.* Interessant war, dass die Schwedin zunächst keinen Immobilienmakler zwischengeschaltet hatte. Oft, aber eben nicht immer, arbeitet ein Makler mit dem sogenannten Bieterverfahren. Verkäufer und Makler legen einen Grundpreis fest. Danach erscheint die Immobilienanzeige, das Bieterverfahren ist somit eröffnet. Jeder kann mitbieten und das aktuell höchste Angebot kann jederzeit öffentlich eingesehen werden. Hierbei ist es wichtig zu wissen, dass der Verkäufer durchaus das Recht hat, an jeden Bietenden zu verkaufen, und das ganz unabhängig davon, ob es sich dabei um den Höchstbietenden handelt oder nicht. In vielen Fällen ist ihm von vorneherein schon klar, dass nur ein Schwede es bekommt. Er lässt dich diesbezüglich aber im Unklaren, weil durch dein Mitbieten der Preis natürlich in die Höhe schnellt.

Das ist dann sehr ärgerlich, wenn du zur Hausbesichtigung extra aus Deutschland angereist bist, das Haus aber, obwohl ihr möglicherweise die Höchstbietenden seid, an jemand anderen geht. Wenn du in so ein Bieterverfahren einsteigst, solltest du dir über eine wichtige Sache im Klaren sein. Du musst das Geld (den Kaufpreis) bereits auf deinem Konto liegen haben oder deine Finanzierung muss schon bewilligt sein. Und zwar bevor du mitbiestest. Sind diese beiden Bedingungen nicht erfüllt, hast du keine Chance, den Zuspruch zu erhalten.

Der gesamte Prozess dauert in der Regel nicht länger als zwei oder drei Wochen. Manchmal ist es gar so, dass du das Haus montags besichtigst und am Freitag kaufst. Hier gibt es kein wochen- oder gar monatelanges Hin und Her mit Maklern, Banken oder Anwälten. In jedem Fall besteht auch hier der Grundstückskaufvertrag (Haus mit dem dazugehörigen Grundstück) aus zwei Teilen: dem Kaufvertrag und dem Kaufbrief. Ihr solltet aber unbedingt darauf achten, dass auch das Grundstück an euch als Käufer übergeht, was nicht immer automatisch der Fall ist. Schlimmstenfalls hättet ihr ein Haus gekauft, doch das Gelände, auf dem es steht, gehört einem anderen.

Noch wichtig zu wissen, wäre, dass der Verkäufer die Maklergebühren zu zahlen hat. Ihr als Käufer kommt für die Grunderwerbssteuer und für den gebührenpflichtigen Eintrag in das *Lantmäteriet* (ähnlich Landvermessungsamt) auf.

Wir kauften das Haus im Juni 2023 und verpflichteten uns, es bis Dezember gleichen Jahres abbezahlt zu haben. So wurde es im Kaufvertrag festgehalten und so geschah es dann auch.

Eine Seite, die euch beim Hauskauf helfen kann, wäre ganz sicher *hemnet.se*. Hier werden viele Deutsche fündig. Über *booli.se* kann man dann herausfinden, was die Immobilie wirklich wert ist. Auf Deutsch, hier siehst du, ob jemand dich über den Tisch ziehen will oder nicht.

Was die Müllbeseitigung angeht, haben wir zwei große Mülleimer. Einer ist grün, der andere braun (respektiv Restmüll und Bio). Bei uns in der Region ist es tatsächlich so, dass nur dann Müllgebühren anfallen, wenn du den Mülleimer zum Leeren direkt an die Straße stellst. Man sollte darauf achten, dass die Räder dabei zum Haus zeigen, sonst könnte es passieren, dass der Mülleimer gar nicht mitgenommen wird. Mir ist es einmal passiert, dass ich den Mülleimer zum Leeren rausbrachte, ihn jedoch falsch herum, also mit den Rädern zur Straße hinstellte. Nicht nur, dass der Müll nicht mitgenommen wurde. Ich bekam sogar einen Drohbrief von der *Kommun*.

Sperrige Teile oder Bauschutt kannst du zur *återvinningscentral* (Recyclingzentrum) bringen. Dort gibt es Container, in die man seinen Müll selbst einsortiert: brennbar, Metall, Farben, Elektrogeräte, nichtbrennbar und so weiter. Das Personal vor Ort ist in allen Dingen sehr hilfreich. Den Müll hier abzuladen, ist kostenlos. Gerne kann man auch zwei- oder dreimal am Tag vorbeikommen, solange halt offen ist. Jede Stadt hat seine eigne *återvinningscentral*. Wo diese zu finden sind? Frag Google!

Da wir gerade bei Internet und Co sind, gehen wir doch gleich mal weiter zu *blocket.se*. Blocket.se ist das wohl wichtigste schwedische Online-Verkaufsportal. Deutsche Vergleiche? Da fällt mir zunächst nur e-Bay Kleinanzeigen ein. Sicherlich tummeln sich auch hier unseriöse Käufer und Verkäufer, doch wer will schon ein Leben ohne Risiko? Wenn man blocket.se aufruft, liest man auf Schwedisch *sveriges största köp- och säljmarknad*, Schwedens größter Kauf- und Verkaufsmarkt. Jeder kann hier nach Belieben kaufen und verkaufen. Es gibt mehrere Schwerpunkte.

- *Bostad* (Immobilien).
- *Fordon* (Fahrzeuge).
- *För hemmet* (Alles fürs Zuhause).
- *Personligt* (Persönlich – Secondhand).
- *Jobb* (Arbeitsvermittlung).
- *Shopping* (Onlinehandel).
- *Elektronik* (Wie der Name schon sagt).
- *Fritid & hobby* (Freizeit und Hobby).
- *Affärsverksamhet* (Geschäftsbetrieb).

Jeder Schwerpunkt hat Unterpunkte und man kann durchaus sagen, dass alle wichtigen Interessen der Kunden, zumindest was diese Großdomänen angeht, bestens bedient werden. Jetzt weiter auf Details einzugehen, würde den Rahmen des Buches bei Weitem sprengen. Schaut einfach selbst mal bei blocket.se vorbei. Wer schon etwas Schwedisch kann, ist eindeutig im Vorteil. Bis dato musste man sich, wie bei fast allen andren Plattformen auch, registrieren, also ein Account erstellen und dabei eine Telefonnummer hinterlassen. Deutsche Telefonnummern gingen beanstandungslos durch, doch es gibt Gerüchte, dass das bald schon Schnee von gestern sein könnte. Nicht-Skandinaviern wird wohl in Kürze, aus welchen Gründen auch immer, definitiv ein Riegel vorgeschoben. Das Problem lässt sich aber leicht mit der bereits genannten Prepaid-SIM-Karte von Comviq umgehen.

Neben Mieten und Kaufen gibt es noch eine völlig andere Form des Wohnens. Hierbei handelt es sich um eine Überlassungsform, man spricht vom *Bostadsrätt* (Stichworte sind: *Insatslägenhet* oder auch *Bostadsrättvereinigung*). Du bekommst das Recht, eine Wohnung oder ein Haus auf unbegrenzte Zeit zu nutzen, bist aber nicht der Eigentümer. Eigentümer ist eine Wohngesellschaft, bei der du dir Anteile erwirbst. Im Prinzip handelt es sich hier um eine Art Genossenschaft, und nichts weiter. Du zahlst an die Genossenschaft eine einmalige Summe, die sich im Normalfall unter dem tatsächlichen Wert der von dir genutzten Immobilie bewegt. Wie beim Hauskauf auch kannst du die Finanzierung via Kredit abwickeln. Als Anzahlung sind 10 % des ermittelten Kaufpreises fällig. Wurde dir das Objekt zugesprochen, zahlst du eine monatliche Miete. Diese ist bestenfalls deutlich niedriger als die Miete, die du für eine ebenbürtige Immobilie zahlen müsstest. Die Miete ist dem Kaufpreis angepasst: hoher Kaufpreis, niedrige Miete und umgekehrt. Das Ganze könnte durchaus den Charakter eines Bieterverfahrens annehmen. Bei Bedarf dürftest du die Wohnung so renovieren, wie du möchtest, doch Vorsicht ist geboten. Eine Umgestaltung, die das Haus (Wohnung) wesentlich verändert, ist entweder nicht erlaubt oder nur nach Absprache mit der Vereinigung möglich. Was eine Weitervermietung angeht, so ist das durchaus möglich. Das hängt aber davon ab, wie gut du dein Anliegen verkaufst und wie nett der sogenannte *Brf* (*Bostadsrättförening* – Vorstand) zu dir ist. Für mich persönlich käme diese Art Wohnen nicht infrage. Es ist mir teilweise zu kompliziert und es kommen auch zu viele Beschränkungen beziehungsweise Abhängigkeiten mit ins Spiel.

> **Kurzinfo zwischendurch:** Unser Saunaofen wurde gestern von einem schwedischen Elektriker auf Herz und Nieren gescheckt. Es stellte sich heraus, dass er gar nicht kaputt ist. Dass er kaputt sei, sagte mir ein deutscher Handwerker, ebenfalls Auswanderer, den ich dafür zurate gezogen hatte. Es war nur eine Einstellungssache. Wir können ab sofort jeden Tag daheim saunieren!

Kein feuchter Traum – oder: meine Definition von Lebensqualität

Wie schon erwähnt, erstand ich unser zweites Haus für 56.500 EUR. Sicherlich ist es an dieser Stelle die Mühe wert, einen kurzen Blick auf Haus, Kaufpreis und allgemeine Umstände zu werfen. Das Haus erfüllt alle deutschen Standards, wenn nicht gar einige mehr (siehe zum Beispiel Sauna). Ich bin kein Immobiliengutachter, schätze aber, dass dasselbe Haus, würde es in einer kleineren Stadt in Deutschland stehen, locker das Zehnfache, also eine halbe Million Euro wert wäre. So viel würde es aber auch in Göteborg oder Malmö kosten, also im Süden Schwedens.

Es hat rund 250 Quadratmeter reine Wohnfläche, einen Dachboden und es steht auf einem Grundstück, das insgesamt 6.500 Quadratmeter groß ist. Es gibt zwei Garagen, ein kleines Nebengebäude, einen schönen Garten und kein neugieriger Nachbar schaut direkt vom Fenster in unsere Küche oder ins Schlafzimmer rein. Im Haus selbst haben wir neben der kleinen Sauna zwei Badezimmer, zwei WCs, eine Waschküche, einen sehr großen, überdachten Balkon im zweiten Stock und eine voll ausgestattete Küche. Es ist hell im Haus. Alle Fenster sind doppelt verglast. Auf der Nordostseite, dort, wo die Sonne aufgeht, liegt nur 200 weiter Meter entfernt ein See, hinter dem sich sanfte Hügel am Horizont auftürmen. Das Haus ist fast neuwertig, nichts muss erst hergerichtet, ausgebaut, verbessert, renoviert oder saniert werden. Es ist kühl im Sommer, kuschlig warm im Winter.

Was an der Sache wichtig ist, und darauf will ich eigentlich hinaus: Es ist abbezahlt! Es gehört mir. Ich habe Ruhe. Warum ich euch das alles erzähle? Das ist einfach. Wenn du ein normaler Mensch mit einem normalen Einkommen bist, und dummerweise und gerade in diesem Jahrzehnt in Deutschland lebst, wirst du möglicherweise nie in der Lage sein, innerhalb deiner aktiven Berufszeit ein Haus von ähnlicher Qualität zu kaufen und abzubezahlen. Wenn bei dir ein Hauswunsch existiert, rennst du üblicherweise zur Bank und nimmst einen Kredit auf. Das Sklaventum beginnt. Du musst liefern, musst jeden Monat die Raten bei deiner Bank abzahlen. Tust du es nicht: aus die Maus. Das geht mit dem ständigen Druck einher, immer arbeiten zu müssen, den Job nicht zu verlieren, und ich erspare mir den Rest. Du weißt, wovon ich rede. Ich bringe es auf den Punkt. Hier oben in Nordschweden (um in unserem Kulturkreis zu bleiben) ist es noch möglich, was zweitausend Kilometer weiter südwestlich in Deutschland nur ein feuchter Traum ist und für viele wohl immer auch bleiben wird. Der Traum vom eignen, frühzeitig abbezahlten Haus! Das nenne ich Freiheit. Alles andere ist Sklaverei mit System. Lebensqualität ist, wenn du dir spätestens mit fünfzig sagen kannst: Jetzt bin ich Eigentümer, unabhängig und jetzt kann ich mein Leben so richtig leben, wie ich es will. Sollte was schiefgehen, egal. Alles ist in trockenen Tüchern.

Was wir am meisten vermissen

Ich halte mich knapp, denn die Sache ist eindeutig: Gutes Brot. Gute Wurst. Gute Kneipen. Bioläden. Hier oben in Nordschweden suchst du so etwas wie einen Bäcker oder gar eine Bäckerei umsonst. Allenfalls stößt du auf eine *Konditori*. Wie schon erwähnt, gibt es auch in kleineren Städten Supermärkte wie ICA oder Coop. Hier kannst du Brot, Brötchen und Baguette kaufen. Aber die halten dem Vergleich zu guten Bäckereiprodukten, wie wir sie von Deutschland her kennen, nicht stand. Man findet sehr viel (zu süßes) Weißbrot, Toast und all diesen ungesunden Mist, der aus der Fabrik, nicht jedoch aus einer Backstube kommt. Daher auch mein Tipp an euch, liebe Frauen und zukünftige Auswanderer: *Lernt, wie man vernünftiges Brot backt, und macht dann euer Brot selbst!*

Kocht selbst und kauft zu diesem Zweck frisches Gemüse. Am besten vom Bauern nebenan. Gesund bleiben ist oberste Pflicht, denn das schwedische Gesundheitssystem (ich komme darauf zurück) ist nicht so prickelnd. Wie wir aber alle wissen, hängt die Gesundheit wesentlich von einer Handvoll wichtiger Faktoren ab. Die gesunde Ernährung gehört eindeutig dazu. Nennt man das Eigenverantwortung? Ich denke schon!

Auch einen Metzgerladen im Sinne von *Metzger macht Wurst selbst* haben wir noch nicht gefunden. Dafür, auch das hatte ich schon erwähnt, hat das schwedische Fleisch, Schaf, Rind und Sau, absolute Bio-Qualität. Im Süden Schwedens kommen immer mehr biologische Lebensmittel in die Läden und auf den Tisch. Hier spielt das steigende Gesundheits- und Umweltbewusstsein eine große Rolle, wobei die Nachfrage größer ist als das Angebot. Unser Fazit: In Sachen Bio hinkt Nordschweden dem Süden eindeutig hinterher. In den großen Supermärkten findet man zwar ab und zu Biogemüse wie Paprika, Bioingwer, Biogurken und ich erspare mir den Rest, aber man muss schon bereit sein, lange Wege zu gehen.

In einer Sache ist Schweden also anderen europäischen Ländern gnadenlos voraus. Nämlich, was die Qualität von Fleisch, Butter, Wurst, Käse, Joghurt, Eiern und Co angeht. Die Tierschutzgesetze hierzulande sind wesentlich strenger. So bleiben zum Beispiel Rinder und Schafe den ganzen Sommer über im Freien auf den Weiden. Kühe werden artgerecht und mit sehr viel Platz und Einstreu in den Ställen gehalten. In Sachen Futtermittel und Tiernahrung besteht ein Antibiotika- und Hormonverbot. Nur wenige Ausnahmen sind zugelassen, und selbst die müssen stichhaltig begründet werden. Das alles merkt man direkt beim Verzehr von in Schweden angebauten oder gezogenen Produkten. Es schmeckt einfach anders. Besser. Natürlicher. Auch dann, wenn es nicht biologischem Anbau entspringt. Seit einigen Jahren gibt es in Schweden sogar eine Pestizidsteuer. Je schädlicher ein Pestizid ist, desto höher fällt die Steuer aus. So zum Beispiel werden Insektizide mit 35 Prozent, Herbizide mit 25 Prozent besteuert. Die überaus hohen Steuern haben dazu geführt, dass sich die Anwendung von weniger schädlichen Pestiziden für die Bauern viel mehr lohnt, und logischerweise nahmen auf diese Art und Weise die Landwirte von den gefährlichsten Pestiziden gehörigen Abstand. Glyphosathaltige Pestizide dürfen ausschließlich zur Bekämpfung von Unkräutern eingesetzt werden, die auf dem Feld wachsen. Und das, *bevor* die Nutzpflanzen, z. B. Weizen und Bohnen, aus dem Boden geschlüpft sind. Diese Pestizide können auch dazu verwendet werden, um das Unkraut zu entfernen, das *nach* der Ernte auf dem Feld wächst. Also um es kurz auf den Punkt zu bringen: Was Lebensmittel (aus dem Inland) angeht, ist die Qualität hier sehr hochwertig. Leider muss man feststellen, dass die meisten dieser Produkte in Plastik verpackt über den Ladentisch gehen. Hier wäre eventuell ein Lösungsansatz zum Besseren hin möglich.

Mit Blick auf internationale Vergleiche erkennt man sofort, dass nicht nur Schweden, sondern fast alle nordischen Länder mit weitaus weniger Pestiziden auskommen als andere europäische Länder.

Ein positiver Nebeneffekt dieser Politik ist auch, dass das Grundwasser kaum verunreinigt ist. Wir zum Beispiel entnehmen unser Trinkwasser zum (Fast-)Nulltarif direkt dem Wasserhahn.

Hochprozentigen Alkohol bekommst du im Supermarkt nicht. Dort findest du nur light, das heißt bis maximal 3,5 % alc. Willst du harte Sachen, guten Whiskey, guten Wein oder zum Beispiel auch mal ein deutsches Bier, musst du zu einer sogenannten *Systembolaget.* Eine *Systembolaget* findet man nicht überall. Die Schweden haben längst erkannt, dass hochprozentiger Alkohol für Jugendliche wie auch für Erwachsene eine *gefährliche Substanz* darstellt. Kontrolle ist angesagt. Alkohol ist teuer.

In Åsmon hatte ich einen Nachbarn. Er ist Automechaniker mit eigener Werkstatt. Doch er hatte kaum Aufträge, das Business lief schlecht. Was er aber besaß, das waren Maschinen jeglicher Art. Irgendwann mitten im Winter 2021 fuhr Diana mit dem T-777 nach Näsaker zum Einkaufen. Auf dem Rückweg landete sie im Straßengraben. Es war Sonntagfrüh zwischen zehn und elf. Ich ging rüber zu Per, dem Mechaniker, erklärte ihm die Situation. Es dauerte keine fünf Minuten, schon war er mit einem riesigen Traktor unterwegs zur Unfallstelle und zog Diana aus dem Graben. Kaum war er zurück in seinem Büro, stattete ich ihm einen Besuch ab. Auf meine Frage hin, wie ich mich für seine Aktion bedanken könne, schüttelte er nur den Kopf.

Alles gut, habe ich gern gemacht.

Mein Blick fiel auf eine leere Bierdose im Mülleimer. Ohne ein Wort zu verlieren, ging ich mit einer glasklaren Idee wieder nach Hause. Montags drauf war ich bereits sehr früh morgens unterwegs zur nächsten *Systembolaget.* Dort kaufte ich eine kleine Flasche Whiskey, ein paar Flaschen deutsches Bier und eine Flasche Bourgogne (französischer Rotwein).

Unser treuer Mechaniker Per fiel buchstäblich aus allen Wolken, als er sah, was ich da vor ihm auf dem Tisch aufreihte. Seither machten wir uns keine allzu großen Sorgen mehr, was einen Abschleppdienst anging. Wir wussten: Per stand für uns immer im Startblock!

Anbei noch die Info, dass es wie auch bei uns in Deutschland einen Notruf gibt. Über 112 erreichst du, so sagte man mir zumindest, Polizei, Notarzt und Feuerwehr. Es ist Schwedens nationale Notrufnummer. Ich hab's noch nicht ausprobiert.

Hier eine kurze Übersicht über die Preise einiger Lebensmittel bei ICA, Stand 14. Feb. 2024.

- Butter – 500 Gramm – 61,95 SEK / **5,49 EUR.**
- Vollmilch 3% – 1,75 Liter – 30,95 SEK / **2,74 EUR.**
- Eier (Freilandhühner Innenbereich) – 12 Stück – 41,95 SEK / **3,71 EUR.**
- Äpfel (Pink Lady) 1 Kilo – 48,95 SEK / **4,33 EUR.**
- Kaffee (ganze Bohnen) – 400 Gramm – 69,95 SEK / **6,19 EUR.**

Gehen wir kurz zu den Spritpreisen im gleichen Zeitraum:

- Benzin ROZ 95 – 18,71 SEK / **1,66 EUR.**
- Diesel – 19,61 SEK / **1,74 EUR.**

Der Umtauschkurs war in diesem Zeitraum wie folgt:
1 SEK = 0,089 EUR.
100 SEK = 8,85 EUR.

Björn

Einem alten Schweden gelang es tatsächlich, mein Leben auf den Kopf zu stellen. Wie, das ist einfach erklärt. Die Geschichte trug sich im Winter 2021 zu. Wir lebten erst seit vier Wochen in unsrem alten, aber inzwischen sehr gemütlichen Schwedenhaus.

Eines ruhigen, schneeweißen Tages öffnete sich unsere Tür. Ein alter barfüßiger Schwede trat ein. Seine Schuhe hatte er draußen vor der Tür abgestellt. Zunächst dachte ich, ein Bär stünde mitten in meinem Wohnzimmer. In der Tat war der mir bis dahin völlig unbekannte Schwede etwas größer als ich. Ungefähr mein Baujahr, sah er mir sogar recht ähnlich. Nur war es eben ein Schwede. Er trug einen zottligen prachtvollen Bart zur Schau, hatte Klamotten an, die man so nirgends käuflich erstehen konnte. Zum Beispiel eine Hippiemütze, wie Bob Dylan eine besessen haben mochte. Nur hatte die Mütze des Schweden oben ein Loch. Aus diesem Loch ragten lange blonde Haare.

Ich sah ihn an, erstaunt aber aufs Höchste ergriffen. Warum ergriffen? Weil ich das Gefühl hatte, ich blicke in die Augen eines Bruders. Blickkontakt. Erkennen. Connection. Wir waren Brüder in der Seele, obwohl wir uns, zumindest in diesem Leben, zum ersten Mal gegenüberstanden. Ähnliches hatte ich in dieser fast gleichzeitig brutalen und berührenden Art und Weise noch nie erlebt. Instinktiv wusste ich, dass diese Begegnung kein Zufall war. Eine höhere Macht hatte ihn gesandt, anders konnte ich es mir nicht erklären.

Wir verstanden uns sofort, reichten uns die Hand, setzten uns an den grob gehauenen Holztisch zum Kaffeetrinken. Es stellte sich heraus, dass der Name unseres seltsamen Besuchers tatsächlich Björn (Bär) war. Björn sah tatsächlich aus wie ein Bär, der gerade aus seiner

Winterruhe erwacht und hungrig knurrend die Höhle auf der Suche nach etwas Fressbarem verlassen hatte.

Setz dich. Willst du Kaffee?

Ohne Milch und Zucker, folgte auf ein kurzes Nicken.

Noch konnte ich nicht wissen, dass ich an diesem Tag das wohl interessanteste Gespräch meines doch schon sechzigjährigen Männerlebens führen würde. Den Inhalt dieses Gesprächs habe ich in meinem Buch *Mental Survival* in groben Zügen dargelegt.

Anmerkung des Autors: Wenn du hier in Schweden jemanden besuchst oder eingeladen bist, dann solltest du darauf achten, die Schuhe schon im Eingangsbereich auszuziehen und nur in Socken das Haus zu betreten. Das ist Usus. Nur Schlotfeger dürfen – warum auch immer, ihre Schuhe beim Betreten des Hauses anlassen. Eine Lösung für alle bestünde darin, mit den eigenen Hausschuhen unterm Arm aufzutauchen. So zumindest machen wir es. Oder ihr sorgt eben dafür, dass ihr Besucher-Hausschuhe verschiedener Größen im Flur stehen habt.

Nach Björns Besuch kam mir zu Ohren, dass er von Natur aus ein schwer zugänglicher Lebensgrübler war. Einer zumindest, der seine Freundschaft nicht leichtfertig verschenkt. Wenn ein Schwede dein Freund sein will, dann weißt du, dass er dich wirklich mag. Da gibt es kein *Was kannst du mir geben, was ich nicht hab*. Der Vorteil und das Materielle stehen dann immer im Hintergrund.

Jantelagen. Bescheidenheit als Grundsatz

Kurz nach unserer Ankunft in Åsmon brachte Diana also selbst gebackenes Brot zu allen Nachbarn. Es war unsere Art, Hallo zu sagen. Da ich wusste, dass Nachbar Ove gut Deutsch sprach, nahm ich eines meiner Bücher, ich glaube, es war *Survival für Anfänger*, signierte es und stattete ihm, das Geschenk unter den Arm geklemmt, einen Besuch ab. Zwar führten wir ein kurzes, sehr interessantes Gespräch, jedoch hatte ich hinterher Zweifel, ob das mit dem Buch so eine gute Idee war. Damals hatte ich noch nicht vom *Jante-Gesetz* gehört.

Die schwedische oder allgemein die skandinavische Kultur fußt auf einer gemeinsamen Basis. Diese nennt sich in Schweden *Jantelagen* (*Janteloven* in Dänemark). Das Jante-Gesetz lehrt die wichtigsten gesellschaftlichen Verhaltensregeln der Bescheidenheit. Ihnen zu folge ist Protzen und Angeben verpönt. Tust du es dennoch, bist du untendurch. Die Gesetze der *Jantelagen*, die eigentlich keine Gesetze sind, sondern zu befolgende Grundregeln der gegenseitigen Toleranz und Einfachheit, kommen ursprünglich aus der Feder des dänisch-norwegischen Autors Aksel Sandemose. Bereits im Jahr 1933 hat Sandemose in dem Roman *Jante* elf Leitsätze verfasst, die dann später als *Jantelagen* bekannt wurden. Hier sind sie:

1. Du sollst nicht glauben, dass du etwas Besonderes bist.
2. Du sollst nicht glauben, dass du uns ebenbürtig bist.
3. Du sollst nicht glauben, dass du klüger bist als wir.
4. Du sollst dir nicht einbilden, dass du besser bist als wir.
5. Du sollst nicht glauben, dass du mehr weißt als wir.
6. Du sollst nicht glauben, dass du mehr wert bist als wir.
7. Du sollst nicht glauben, dass du zu etwas taugst.

8. Du sollst nicht über uns lachen.
9. Du sollst nicht glauben, dass sich irgendjemand um dich kümmert.
10. Du sollst nicht glauben, dass du uns etwas beibringen kannst.
11. Du sollst nicht glauben, dass wir nicht über dich Bescheid wissen.[5]

Eine Welt ohne Prahlerei und ohne jegliches Ich-bin-der-und-wer-bist-du-Denken ist Balsam in meine Wunden. Genau dieses Denken nämlich war es, das mit in die Waagschale fiel, als es damals darum ging, Deutschland zu verlassen. Wie schon gesagt, lebte ich in einem Viertel, in dem du ganz einfach untendurch warst (oder gar nicht gesehen wurdest), wenn du nicht mindestens einen Doktor- oder Professortitel aufweisen konntest. Besonders in der Zeit, in der wir heute leben, fühlt es sich wunderbar an, allen Menschen auf Augenhöhe begegnen zu dürfen. Wenn es nach Sandemose ging, sollte sich niemand für klüger, reicher, intelligenter und auf irgendeine Art und Weise besser fühlen als sein Gegenüber. Ich kann nicht aufhören zu staunen und von so einem Zustand zu träumen. Irgendwann, und diese Zeit liegt nicht mehr in allzu weiter Ferne, kommen wir dahin. Doch bis dahin müssen wir alle wohl noch ein Jammertal durchqueren.

5 https://hejsweden.com/jantelagen-typisch-schwedisch/

Steuern

Hier muss ich rein in die Spekulation, da ich erst dieses Jahr meine ersten Einkommensteuern in Schweden zahlen werde. Spekulation auch deshalb schon, weil ich, was Steuern angeht, aus ganz verschiedenen Quellen unterschiedliche voneinander stark abweichende Zahlen und Einblicke bekam.

Die Einkommensteuer unterteilt sich in eine kommunale und eine staatliche Abgabe. Normale Arbeitnehmer, also die meisten Menschen, die ich kenne, zahlen auf ihr Jahreseinkommen nur die Gemeindesteuer, die sogenannte *Kommunalskatter*. Die staatliche Abgabe (Höhe 20 %) wird erst ab Einkünften im Bereich 540.700 SEK fällig. Diesbezüglich habe ich aber auch andere Zahlen gehört, nagelt mich also bitte nicht fest. Das heißt, wenn du gut verdienst, bezahlst du beides, die Kommunalsteuer und sie staatliche Steuer. Da die Kommunalsteuer mancherorts bis zu 35 % beträgt, die staatliche bei 20 %, je nach Einkommen sogar bei 25 % liegt: Nachtigall, ich hör dir trapsen! Das ist ein gehöriger Batzen. Schweden, so sagte mir unser Nachbar einst lächelnd, ist ein Steuerparadies. Aber nur für die Reichen. Der Mittelstand und die ärmeren Menschen bluten. Das entspricht, wie bereits gelesen, so nicht ganz der Wahrheit, denn hier gilt, wer gut verdient, muss viel Steuern zahlen. Hohe Einkommen werden hier deutlich stärker besteuert als in Deutschland. In Schweden liegt der Spitzensteuersatz derzeit angeblich bei maximal 55,5 %.[6]

Fakt ist, Schweden ist Hochsteuerland. Die Menschen, so habe ich den Eindruck, zahlen gerne Steuern. Ob diese Steuern auch sinnvollen

---

6 https://www.juhn.com/fachwissen/internationales-steuerrecht/schweden-steuern/

Zwecken dienen, möchte und kann ich noch nicht so ganz beurteilen. Die Schweden jedoch können das sehr wohl. Selbst Otto Normalverbraucher hat ein enormes Mitspracherecht, wenn es um die Verwendung diverser Steuergelder geht.

Das Steuer- und Finanzsystem im Detail zu erklären, würde einerseits den Rahmen des Buches und andererseits meine Kompetenzen diesbezüglich sprengen. Man packe mir einen 30-Kilo-Rucksack auf den Rücken und schicke mich, Schnee, Eis und Kälte zum Trotz, in die schwedische Pampa. Alles gut. Das ist Leben, das ist Challenge! Mich jedoch mit Steuern auseinanderzusetzen, wäre das Ende meiner persönlichen Mannesfreiheit. Auf Deutsch: Lieber kämpfe ich mit den Gezeiten und mit wild gewordenen ungeimpften Braunbären als mit irgendwelchen Finanzen, Steuererklärungen oder Papieren allgemein.

Um die Feinheiten und Finanzen kümmert sich also Diana. Sie hat BWL studiert und da kann ich schon etwas erwarten. Ich hoffe, sie liest diese Zeilen nicht, sonst gibt es wieder eine Woche lang Dal und altes Brot, obwohl: ich liebe Dal und trockenes Brot dazu. Nur weiß sie das nicht. Nein, wir führen keine Zweckgemeinschaft. Und ja, mir ist es lieb, dass Diana sich um den ganzen Finanzkram kümmert. Genauso wie sie von mir erwartet, frisch geangelte Lachsforelle auf den Tisch zu bringen, wenn ihr der Sinn danach steht. Klingt gut? Schön!

Wer mehr über die Steuern (Einkommensteuern und Steuern allgemein) in Schweden erfahren möchte, geht am besten auf die Seite *skatteverket.se* (Deklaration). Die Seiten erklären sehr gut, was einen erwartet. Es gibt auch offizielle Seiten, auf denen explizit und in exzellenter Manier erklärt wird, wie man am besten vorgeht, wenn man eine Firma gründen möchte.

Die Mehrwertsteuer liegt in Schweden bei satten 25 %. In Europa gibt es nur ein Land, das diese Marke toppt und das ist Ungarn mit 27 %.

Nota bene: Diana kümmert sich um unsere Finanzen. Sie liefert also! Ich hingegen hinke hinterher, ist es mir doch noch nie gelungen, eine Lachsforelle auf den Tisch zu bringen!

ZWISCHENDRIN

Was gefällt dir an Schweden bislang am besten, Thomas?

Endlos weite Wälder. Saubere Luft. Stille im Wald.

Und was gefällt dir nicht so gut?

Zu wenig junge Menschen hier in Nordschweden. Alt bin ich selbst!

Åsmon irgendwann 2023

Wie es dazu gekommen ist, das weiß ich nicht mehr. Tatsache aber war, dass wir uns im Herbst 2023 in Åsmon zu einer Lerngruppe zusammengefunden hatten. Wir, das waren eine Handvoll deutscher Auswanderer, die im engen Kreise Schwedisch lernen wollten. Ich fand das deshalb schon interessant, weil ich von Aktivitäten in ausschließlich deutscher Gesellschaft vorher nicht so begeistert war. Warum ich dennoch hier war? Vermutlich hatte mich die Neugier gepackt. Unsere Lehrerin war auch eine Deutsche, ihr Mann Schwede. Sie bemühte sich sehr und es war auch sicherlich ganz unterhaltsam. Aber ich passte da irgendwie nicht rein. Von Natur aus Einzelgänger, hatte ich Probleme, offen vor anderen Menschen zu reden. Ihr wisst schon, die Vorstellungsrunde. Ich fühlte mich in solchen Situationen wie ein Karnickel im Schlangenkäfig, schiebe diese Phobie auf meine langen Jahre im Dschungel Guyanas und in der Savanne der Zentralafrikanischen Republik.

Nach einer kurzen Gruppenanalyse meinerseits kam ich außerdem zu dem Schluss, dass nicht wenige der Anwesenden eigentlich gar nicht hier waren, um ernsthaft Schwedisch zu lernen. Vielmehr schien es mir, dass sie einfach nur Anschluss an ebenfalls deutschsprachige Menschen suchten. Und ich stellte mir die Frage, ob sie nicht genau das suchten, wovor sie vor noch nicht allzu langer Zeit geflohen waren. Natürlich kann ich mich täuschen, aber ich empfand es so.

Der Sommer ist in Schweden sehr kurz. Er wird durch die Sommersonnenwende (*Litha*) eingeleitet. Danach sucht man die Dunkelheit mit der Lupe. Umsonst meist. Ich liebe diese Zeit. Oft kommt es vor, dass ich nachts gegen halb zwei aufwache. Draußen ist es um diese Zeit noch hell. Im Dämmerlicht spazieren zu gehen, empfinde ich bereichernd für meine Seele. Aufstehen, Ruby an die Leine nehmen und barfuß die absolute Stille konfrontieren. Nackte Füße auf noch von der Sonne warmem, schwarzem Asphalt. Einfach herrlich. Die Grenze zwischen Tag und Nacht verschwimmt. Kaum trübt ein Grauton das gerade noch dagewesene Sonnenlicht, löst sich bereits ein silbernes Band vom Horizont und schon ist es übergangslos wieder taghell. Hundegebell dort, wo wir leise und noch schattenlos vorbeihuschen. Selbst in der Ferne hört man nicht das geringste Motorengeräusch. Schweden schläft.

Jedes Jahr Anfang August findet ganz in der Nähe von Åsmon im nahen Näsaker das Urkult-Festival statt. Drei Tage lang verwandelt sich der sonst so stille Ort am Ångermanälven in ein ausgelassenes heiteres Volksfest. Man spricht hier auch vom *Folksfest am Nämforsen.* Mit viel Poesie, Feuertanz, Musik, mit Essen und Trinken und einem satten Kinderprogramm tanzt man der kommenden Winterzeit entgegen. Die Campingplätze rund um Näsaker sind in dieser Zeit proppenvoll. Ob klein oder groß, die Devise ist: Spaß, Spaß, Spaß!

Vor noch nicht allzu langer Zeit war diese Gegend eine Hippiemetropole, was man an den Graffitis und Gemälden an einigen Fassaden allein stehender Häuser noch sehen kann. Vom Hügel hinab genießt der Besucher freien Blick auf den großen Fluss. Gleich nebenan, noch auf demselben Plateau, findet der Sportbegeisterte eine Outdoor-Sportarena. Als wir noch in Åsmon wohnten, ging ich jedes Wochenende dorthin. Das Ganze ist aufgebaut wie ein Hindernisparkour. Er beginnt mit einem vier Meter langem Seil und endet mit einer Reihe von Sit-up-Bänken. Dazwischen finden sich diverse Geräte, die den ganzen Body trainieren. Beinpressen, Hantelbänke, Klimmzugstangen, Rudergeräte, um nur einige zu nennen. Das alles ist bis jetzt noch nichts Besonderes, werdet ihr sagen. Das ist es aber sehr wohl. Warum? Weil alles sauber und gepflegt ist. Die Geräte sind weder beschmiert oder beschädigt noch werden Teile abmontiert und gestohlen. Es liegen keine Bierflaschen, Dosen oder leere Schnapsflaschen herum. Auch die hochwertigen Seile klaut keiner; und das, obwohl es keine Schlösser, Türen oder Geheimcodes gibt.

Das ist es auch, was mich hier in Nordschweden mit am meisten beeindruckt. Du kannst Fahrräder ohne Fahrradschloss nachts draußen vor dem Haus, vor den Schulen oder vorm Supermarkt stehen lassen, ohne Angst haben zu müssen, dass sie nicht mehr da sind, wenn du sie brauchst. Im Winter lassen viele Schweden (kältebedingt) die Motoren ihrer Autos laufen, wenn sie zum Beispiel die Kids in die Schule oder zur Kita bringen. Auch Schnelleinkäufe im Supermarkt werden mit draußen laufenden Motoren hier und da getätigt. Niemand käme auf die Idee, in ein fremdes Auto einzusteigen und damit wegzufahren. Das Hab und Gut der anderen wird respektiert. Lass mal in Deutschland dein teures Fahrrad ohne Fahrradschloss vor einem Einkaufszentrum oder am Bahnhof stehen. Vermutlich wechselt es schon innerhalb einiger Minuten den Besitzer.

Outdoor bei minus 24 Grad

Meine Kamera, eine brandneue GoPro HERO9, machte da nicht oder nur bedingt mit. Der Schlafsack, ein uralter Carinthia Defence 4 drei Jahreszeiten, sagte *NoGo.* Wäre da nicht mein Kämpferinstinkt, der mir immer wieder zuflüsterte: *Marschiere mit dem Kopf, Bruder*, dann hätte ich die ganze Sache abgebrochen, bevor sie überhaupt richtig begonnen hatte. Ich hatte es mir in den Kopf gesetzt, bei Minustemperaturen im zweistelligen Bereich eine Nacht draußen zu verbringen und über dieses Abenteuer auf YouTube zu berichten. Outdoor mit Gast, das heißt, es muss wehtun, es muss kalt sein, es darf Blut fließen (auch mal eine Träne). Bei mir darf, nein, muss der Unterschied daheim/outdoor sehr flagrant sein. Auf Deutsch, ich möchte mich und meinen Körper fühlen. Ist das nicht der Fall, bleib ich daheim auf der Couch. Vorab schon mal so viel: Es wurde eine kalte, schaurige und lange Nacht mit sehr intensiven Gefühlen! Kurzer Abriss gefällig?

Rucksack packen. Minimalistisches Outdoorgear. Bevor ich losmarschiere, achte ich darauf, nicht so viel anzuziehen, denn ich weiß, schwitzen kann bei großer Kälte fatal sein. Langer zweistündiger Anmarsch bis zu der Stelle, an der ich mein Biwak aufschlage. Rucksack abstellen, Gelände erkunden. Radius 200 Meter. Ich möchte wissen, was in der näheren Umgebung so alles abgeht. Alles, nur keine bösen Überraschungen! Ein kleiner Bach, halb zugefroren. Wald, Wald und noch mal Wald. Sieht gut aus. Keine Atommülldeponie. Kein verwester Elch im Bach. Keine Straßen-Klimakleber!

Zuallererst baue ich mir einen Shelter. Eine Stunde Arbeit und die Sache ist erledigt. Feuerstarter, Birkenrinde und herumliegendes

Holz sorgen für ein warmes Grubenfeuer. Zu essen habe ich nur eine Süßkartoffel und etwas Speck, dafür aber Kaffee, so viel mein Herz begehrt. Ihr wisst schon: *No coffee. No workee!*

Obwohl erst 16h00, ist es bereits stockdunkel. Es wird von Minute zu Minute kälter. Bären, von denen es hier jede Menge gibt, stellen keine Gefahr dar. Sie halten Winterruhe.

Während ich versuche zu filmen, stelle ich fest, dass die GoPro HERO9 zwar tagsüber und bei gutem Licht großartige Filmaufnahmen macht, bei schlechtem Licht und großer Kälte aber ihre ganzen Schwächen zeigt. Wir haben minus 24 Grad. Alle drei Minuten muss ich die Batterien wechseln. Handschuhe aus, Handschuhe an. Ich stelle mir die bange Frage, ob ich bei dem Batterienverschleiß genug Filmmaterial mit nach Hause bringen kann. Es wird kälter, als ich gedacht habe, und so stülpe ich mit klammen Händen einen Socken um die Kamera.

Sogar im Schlafsack ist es kalt. Ich nicke ein, schlafe ein paar Minuten, doch die Kälte weckt mich immer wieder. So geht es die ganze Nacht hindurch. Als alter Soldat kann ich damit nicht nur gut umgehen, ich begrüße es sogar. Das lässt mich wachsam sein. Immerhin habe ich etwas Speck im Rucksack, der zieht einzelne umherstreifende Bären an. Die nämlich, die auf eine Winterruhe pfeifen. Von Wölfen und Luchsen gar nicht zu reden. Ich hätte einen Bärensack machen können, aber ich wollte schnell in meinen Schlafsack kriechen.

Die Nacht ist verdammt lang. Ehrlich gesagt ist es eine der längsten Nächte meines Lebens. Ab und zu lege ich etwas Holz auf die Glut. Noch lange bevor es hell wird, breche ich das Lager ab und begebe mich auf den Heimweg. An der Straße, die runter zum Dorf führt, angekommen, fährt gerade ein Auto vorbei. Es ist Lucas. Mein Hauselektriker. Er lässt das Seitenfenster runter und starrt mich entgeistert an. Vermutlich sieht er einen alten Mann, der aussieht wie ein Teufel und dabei ständig in seinen Bart grinst.

Alles gut? Kann ich dich mitnehmen?

Ich will ihm erklären, dass ich lieber zu Fuß den Rest der Strecke zurücklege, aber ich kann nicht mal reden, so kalt ist mir. Aus meinem

Mund kommt nur ein undefinierbares Gebrabbel. Ich komme mir vor, als hätte ich Fliegenpilzkekse zum Frühstück gefuttert. Irgendwie beschwingt. Losgelöst. Happy. Fragt mich jetzt bitte nicht, woher ich weiß, wie sich ein Kopf anfühlt, dessen Besitzer Fliegenpilzkekse konsumiert hat.

Ich ziehe die Schultern hoch, winke ab und gebe Lucas per Handzeichen zu verstehen, was Sache ist. Er nickt besorgt, fährt aber weiter. Ich schaue ihm nach und muss plötzlich grinsen. Ich führe genau das Leben, das ich immer haben wollte.

Bei unsrem nächsten Treffen eine Woche später hat Lucas mir gesagt, dass er mit Sicherheit gesehen hätte, dass meine Nasenspitze ganz weiß verfärbt war. *Das waren Anzeichen von ersten Erfrierungen,* meinte er.

Die Sache mit dem Bärensack. Wenn du in einer Region unterwegs bist, in der es Bären gibt, und du dort dein Biwak aufschlagen möchtest, nimm einen Sack (zum Beispiel einen kleineren Rucksack) und packe, nachdem du gegessen hast, alles rein, was übrig ist. Verschnür den Sack, entferne dich damit mindestens hundert Meter weg vom Biwak und binde ein Seil um das Ende des Rucksacks. Wirf das Seil so hoch es geht über eine Astgabel, ziehe dann den Sack in ausreichende Höhe (fünf Meter sind okay) und befestige das Seil. Warum das alles, dürfte jedem klar sein. Der Bär riecht sogar die kleinsten Krümel deines Essens noch kilometerweit. Man sagt, dass der Geruchssinn eines Bären siebenmal besser ist als der eines Bluthundes. Es ist besser, der hungrige Bär stattet dem Bärensack einen Besuch ab als dir. Was aber nicht automatisch heißt, dass er nicht doch noch mal bei dir vorbeischaut. Nenn es einen Höflichkeitsbesuch.

Jämtland. Bärenland

Schweden sind sehr entspannt und konfliktscheu. Das merkt man überall. Hier in Jämtland kommt noch eine Besonderheit hinzu. Die Jämtländer sind sehr stolz auf ihre eigene Geschichte. Einige ältere Jämtländer können auch noch die alte Sprache Jämtska. Sehr oft noch sieht man die Flagge der Republik Jämtland, einer Unabhängigkeitsbewegung, auch Jämtland Republican Army genannt. Der Geist der Jämtlandregion ist in den Köpfen der Menschen hier stärker vertreten als der Geist des Landes, zu dem Jämtland gehört: Schweden sagen die einen, Norwegen die anderen! Wohl auch deshalb trifft man viele Jämtländer, die der NATO und der EU sehr kritisch gegenüberstehen. Nichtsdestotrotz sind die meisten Schweden auf Linie. Ich hege Zweifel daran, ob *auf Linie sein* tatsächlich ein Kompliment ist. Dazu sollte man wissen, dass Jämtland 1178 von Norwegen erobert und über 450 Jahre lang norwegisch blieb. So lange eben, bis es 1645 wieder an Schweden abgetreten wurde. Seitdem ist die Provinz etwa 370 Jahre lang schwedisch, obwohl die Bevölkerung erst 1699 die schwedische Staatsbürgerschaft erhielt.

Bären halten keinen Winterschlaf, sondern Winterruhe. Das heißt, sie wachen. Man sollte nie den Fehler begehen und denken, sie könnten im Winter nicht gefährlich werden. Ich war mir nie wirklich sicher, ob es in der Gegend um Åsmon tatsächlich Bären gab. Eines schönen Tages, auf genau das Thema angesprochen, nickte Björn nur mit dem Kopf.

Schaffen wir Klarheit. Komm mit!

Mit seinem klapprigen Volvo fuhren wir zu einem alten Ehepaar. Sie lebten in völliger Abgeschiedenheit mitten im Wald. Beide waren um die 75. In ihrem Schwedenhaus gab es nur einen Herd, dafür aber jede Menge Katzen. Und einen Hund. Die Katzen liebten den Herd unserer Gastgeber. Es war so ein altertümlicher Holzofen, ähnlich unserer Küchenhexe. Dicht gedrängt lagen sie auf einem Teppich nahe am Herd und räkelten sich wohlig in der Wärme. Der Duft von frisch gebackenem Brot lag in der Luft. Nach einer Tasse Kaffee, schwarz und stark, hatte ich den Mut, die beiden direkt nach den Bären zu fragen. Mich wunderte es nicht, dass die Frau mir antwortete, schien es mir doch, als hätte sie den ganzen Tag schon auf diesen einen Moment gewartet.

Ja, dort oben in den Bergen gibt es Bären!

Viele?

Mit ihrer knochigen Hand zeigte sie zum Fenster raus.

Vier. Sie leben in Höhlen.

Habt ihr sie gesehen?

Nicht nur einmal, sagte ihr Mann. *Ich an deiner Stelle würde nicht unbewaffnet dort hinaufgehen. Sie wachen.*

Wir blieben noch eine Weile bei Kaffee und frischem Brot und fuhren dann wieder zurück. Ich hatte endlich die Informationen, die ich immer schon haben wollte.

Auf der Suche nach den Bären bin ich einmal mit, einmal ohne Ruby dort hoch in die Berge. Jedes Mal suchten wir umsonst. Als einzige Waffe hatte ich meinen Mut und ein Morakniv, Companion olivgrün. Diese Messer werden in Mora, Schweden, hergestellt. Du siehst hier kaum einen Jäger, Angler oder Handwerker, der kein Morakniv mit sich trägt. Sie sind billig, scharf und es gibt sie in zahlreichen verschiedenen Ausführungen und Farben. Im Falle eines Angriffs hätte mir so ein kleines Messer natürlich nicht wirklich geholfen.

In der Region, in der wir heute leben, gibt es viel mehr Bären. Michael, ein passionierter schwedischer Bärenjäger hatte mir erklärt, dass sie Ende August, Anfang September 2023 fast 200 Bären erlegt hatten. So viel eben, wie damals zum Abschuss freigegeben wurden. Gerne hätte ich ihn und seine Jämthunde zur Bärenjagd begleitet, nicht mit der

Waffe, sondern mit der Kamera. Doch hatte es mich genau um diese Zeit nach Französisch-Guyana verschlagen.

Der Jämthund (auch *Schwedischer Elchhund* genannt) ist für die Bärenjagd bestens geeignet. Ihm eilt der Ruf voraus, treu, ausdauernd, mutig und anspruchslos zu sein. Michael sagte mir auch, dass seine Hunde, sobald er sie im Wald von der Leine nimmt, sofort die Witterung der Bären aufnehmen und gnadenlos jedes Tier in der Nähe völlig selbstständig stellen. Um den Bären zu finden und zur Strecke zu bringen, würde er sich nur an ihrem Gebell orientieren. Dabei gilt es, lange Wege in einem relativ schnellen Tempo zurückzulegen. Nicht selten, so versicherte Michael mir, kommt es vor, dass auf sehr kurze Distanz geschossen wird. Er als Jäger muss also nicht nur körperlich fit, sondern auch ungemein nervenstark sein. Weiter oben im Norden, nördlich des Polarkreises, werden Bärenjagden angeboten. Du reist mit deiner eignen Büchse an, zahlst einen Kopfpreis und wirst während der Jagd von Profis begleitet. Ich halte nichts davon. Mehr noch: Das Ganze ist mir zuwider! Keine finanziellen Interessen, was die Jagd angeht, sage ich mir. Von niemandem. Auch nicht unter dem Vorwand, dass der Bärenbestand reduziert werden muss. Ich persönlich würde nur dann den Abzug einer Waffe betätigen, um mich in allerletzter Sekunde vor einem aktuellen, tatsächlichen Angriff zu schützen.

Ein Wort noch zu Michael. Er ist einer jener Typen, dem ich gerne die Hand drücke und bei dem ich jedes Mal sofort spüre, dass ich es hier mit einem Mann von meinem Schlag zu tun habe. Er hat den scharfen Blick eines Waldläufers, redet nur, wenn es absolut notwendig ist. Jedes seiner Worte zählt. Männer wie er scheißen darauf, was andere von ihnen denken. Sie haben eine Vision, stecken sich ein Ziel und verfolgen dieses Ziel gnadenlos. Was sie anfangen, bringen sie zu Ende und nichts kann sie davon abhalten. Solchen Menschen begegnet man nur selten. Höchstens zwei- oder dreimal im Leben. Ich kenne diese Art Männer von meiner Zeit aus der Fremdenlegion, möchte sie auf Teufel komm raus nicht zum Feind haben. Alles ist gesagt.

Wir haben unser Haus in Åsmon in gute Aufsicht gegeben, kehren aber regelmäßig und gerne dorthin zurück. Ich zum Schreiben, Diana für ihre Energiearbeit mit anderen Frauen oder wenn sie an einem Seminar mit Anke Evertz teilnimmt. Jeder von uns beiden begrüßt diese Auszeiten. Oft, und nicht nur zum Scherz sagen wir: *Urlaub brauchen wir keinen, schließlich haben wir Åsmon.* Das Haus ist für uns Rückzugsort vom Alltag. Ein Ort eben, an dem wir ein völlig anderes Leben führen können. Abgeschieden. Einfach und geerdet. Wir würden es weder vermieten noch verkaufen. Gute Freunde und Verwandte hingegen können gerne etwas Zeit hier verbringen. Wir hatten, als wir von hier wegzogen, schon mal eine Bekannte, die sich hier ein halbes Jahr mietfrei aufhalten durfte. Leider wurde die Vertrauensbasis nach einiger Zeit schon zerstört. Aber ich hoffe zumindest, dass wir helfen konnten.

Mein erster Zahnarztbesuch in Schweden

Das, was ich seit Beginn unsrer Abreise aus Deutschland am meisten befürchtet hatte, ließ lange Zeit auf sich warten. Ich bekam Zahnschmerzen, und zwar so richtig doll. Wenn es um Zahnschmerzen geht, werde ich, Ex-Fremdenlegionär und angeblicher Survivalexperte, zur Pussy. Bei Zahnschmerzen hört bei mir alles auf.

Nun hatten uns einige deutsche Bekannte erzählt, dass man durchaus mit utopisch langen Wartezeiten zu rechnen habe, wenn man einen Termin beim *Tandläkare* (so heißt Zahnarzt auf Schwedisch) wollte. Das kann ich so leider nicht bestätigen.

Nach einer Woche Zahnschmerzen ging ich an einem Freitagmorgen rüber zu Nicole und erzählte ihr von meinem Leid. Wir erinnern uns, sie spricht perfekt Schwedisch. Sie hörte ruhig zu, nahm ihr Handy und tätigte einen kurzen Anruf. Als sie wieder auflegte, hatte ich für den kommenden Dienstag einen Termin.

Im Wartesaal sitzend, bemerkte ich, dass alle, die nach mir kamen, zuerst ihre PN in ein digitales Gerät eingaben. Ich hatte keine PN, fühlte mich dadurch aber keineswegs benachteiligt. Nach einer halben Stunde wurde ich von der Zahnärztin, eine Polin, in ihr Kabinett geholt. Danach tat sie genau das, was auch jeder deutsche Zahnarzt gemacht hätte. Mir wurden ein paar Fragen gestellt, Zahn für Zahn wurde abgeklopft, der Schmerzzahn aufgestöbert und geröntgt. Es folgte ein kurzes Gespräch.

Zwei Möglichkeiten, Herr Gast!

 Die da wären?

Wurzel behandeln oder ziehen!

Raus damit, forderte ich resolut.

Erstaunlich war, dass die Zahnärztin zwei Zahnarzthelferinnen um sich geschart hatte. Mein Leben, so fühlte ich, lag in Händen eines weiblichen Dreierteams. Ich war ihnen auf Gedeih und Verderb ausgeliefert. Ich wurde gefragt, ob es okay wäre, wenn nicht die Zahnärztin selbst, sondern eines der Mädchen mir die Betäubungsspritze verabreichte. *Versuchskarnickel,* war mein erster Gedanke. Zuerst wollte ich abwinken, aufstehen und gehen. Dann aber dachte ich: *Sei's drum.* Schließlich war ich siebzehn Jahre an der Front gewesen und Adel verpflichtet schließlich. Ich gab also grünes Licht. Und was soll ich sagen: Die Mädchen machten das supergut! Ich war wirklich beeindruckt. Sie verloren keine Zeit. Blablabla gab es nicht, es wurde höchst professionell, schnell und effizient gearbeitet, was mir, als alter Soldat, sehr imponierte. Es dauerte keine zehn Minuten und der Zahn, seine Wurzeln höllisch infiziert, wurde mir wie der Kopf des Johannes auf einem silbernen Tablett präsentiert.

Zehn Tage später ging ich zum Zahnarzt in der *Hälsocentral* (wörtlich übersetzt Gesundheitszentrum, auch *Vårdcentral* genannt) bei uns im Dorf, wo die Fäden gezogen wurden. Das alles nur, um zu sagen, dass die schwedischen Zahnärzte sehr gut sind. Viel besser zumindest, als ich angenommen hatte.

Bist du krank, meldest du dich immer zuerst in der *Hälsocentral.* Dort finden sich kompetente Ärzte und Krankenschwestern. Bei Bedarf wirst du dann an einen Facharzt weitergeleitet. Die sind meist im nächsten Krankenhaus. Einen Termin bei einem Spezialisten oder Facharzt zu bekommen, geht klar, doch sind die Wartezeiten enorm. Das schwedische Gesundheitssystem ist staatlich, nicht wenige sprechen von einer Katastrophe. Ein Jahr auf eine OP – Knie, Hüfte, Schulter und Co – warten? Das ist drin! Um den langen Wartezeiten entgegenzuwirken, kann man eine private Zusatzversicherung abschließen. Erkundigt euch, bevor ihr eure Reise beginnt.

Schwedische Paradoxa – oder: Wir werden dich finden!

Es wird Zeit. Wir müssen uns jetzt ernsthaft die Frage stellen, ob Schweden nicht doch ein Überwachungsstaat ist. Zumindest sieht es von außen betrachtet genauso aus. Im Lande herrscht das Öffentlichkeitsprinzip (*Offentlighetsprincipen*). Das Recht ist seit 1766 in der Verfassung verankert und für nicht wenige Schweden steht es auf einem Sockel, der sich *Demokratie par excellence* nennt. Diesem Gesetz folgend, kann jeder Bürger in so ziemlich allen Ämtern und Behörden Einsicht in (fast) alle Akten und Dokumente nehmen. *Die gesamte staatliche und kommunale Tätigkeit solle im Lichte der Öffentlichkeit erfolgen.* So zumindest kann man es bei Wikipedia.de lesen.

Das bedeutet auch, dass alle Unterlagen, auch die, die auf Tonträgern oder einfach nur im Computer gespeichert wurden, für die Allgemeinheit zugänglich sind. Natürlich gibt es auch eine Art Geheimhaltung. Diese aber stellt die Ausnahme von der Regel dar. Krankendaten zum Beispiel werden auf keinen Fall preisgegeben. Man merkt, dass Schweden sehr stark digitalisiert ist. Das macht im Alltag vieles einfacher. Bankgeschäfte, Steuererklärungen, Vertragsabschlüsse, Unternehmensgründungen etc., alles rückt mit wenigen Mausklicks in greifbare Nähe. Als Einwanderer aus Deutschland ist das ein Segen, insofern man der Sprache etwas mächtig ist. Vor Papierkram muss man sich aus deutscher Sicht also nicht fürchten. Der Nachteil ist allerdings auch die bereits oben erwähnte Transparenz. Man ist gläsern. Datenschutz spielt keine große keine Rolle.

Mittels bestimmter schwedischer Suchmaschinen kann jeder alles über dich und über andere in Erfahrung bringen. Wenn ich sage *alles*, meine ich *alles*. Da wäre zunächst und an erster Stelle hitta.se. Wenn du die Personnummer einer bestimmten Person in die genannte Suchmaschine eintippst, springen dir sofort sämtliche Wahrheiten mit nacktem Arsch mitten ins Gesicht. Du weißt plötzlich, wo diese Person wohnt, wie alt sie ist, also wann sie geboren wurde, und wer der Lebenspartner ist. Einkommen (Gehalt – Lohn) werden öffentlich dargelegt. Du siehst, wie teuer das Haus ist, in dem diese Person wohnt. Wie viel auch der Partner verdient, wie eure (seine) Telefonnummer ist und wer in der Nachbarschaft so alles wohnt. Sich in Schweden verstecken zu wollen, ist die wohl schlechteste Idee, die jemand haben kann. Gerne darf man einen Antrag stellen, dass man diese Daten nicht veröffentlicht haben möchte, dass sie also nicht via hitta.se aufzufinden sind, dazu müsstest du aber eine Person sein, die in der Öffentlichkeit steht, und eventuell beweisen, dass du durch das Veröffentlichen deiner persönlichen Daten in höchster Gefahr schwebst. Ich persönlich stehe mit dieser Art Transparenz nicht unbedingt auf Kriegsfuß. Auch weil ich mir sage, dass wenn ich etwas über jemanden herausfinden möchte, habe ich Mittel und Wege, dies mit Erfolg zu tun. Auch ohne hitta.se. Ich zum Beispiel schreibe Bücher, benutze TikTok, Facebook, YouTube und Co. Da ist die Sache mit der Privatsphäre sowieso nur Wunschdenken. Jeder Mensch, der ein Handy besitzt, ist transparent, nur wissen eben die wenigsten davon. Oder sie wollen es nicht wahrhaben. Jetzt kann jeder für sich entscheiden, wie er damit umgeht. Die einzige Lösung, nicht gefunden zu werden, ist der Verzicht auf die Personnummer. Wenn du nun einen Schweden fragst, warum das hier so ist, was ich schon einige Male getan habe, bekommst du Antworten wie: *Das ist bei uns halt so. So sind wir Schweden eben!* Andere wiederum finden das gar nicht gut, die Meinungen darüber sind also geteilt.

Diese Transparenz führt auch dazu, dass immer mehr Menschen Angst davor haben, entdeckte kriminelle Energie den Behörden zu melden. Ich werfe da mal ein düsteres Szenario an die Wand, indem ich behaupte, dass jeder dahergelaufene Kriminelle dich jederzeit finden kann, insofern du zum Beispiel mitgeholfen hast, seine Machenschaften bloßzustellen. Begriffe wie Datenschutz und Topsecret reihen sich also in Schweden weit hinter Grundgedanken wie Transparenz und

Offenheit ein, und die meisten Menschen hier schockiert diese Transparenz kaum.

Ein kleines Beispiel in Sachen Transparenz gefällig? Etwa ein Jahr nachdem wir uns das Haus in Åsmon gekauft hatten, gab ich im Internet Suchbegriffe wie Näsaker, Nämforsen, Åsmon und Urkult ein. Es ging mir nur darum, mehr über die Geschichte dieser nah beieinanderliegenden Orte und über die Ursprünge der Urkult-Festivitäten herauszufinden. Für mich roch die ganze Sache nach Wikinger und nach einer eventuellen Passage von den Helden meiner Kindheit, Leif *‚der Glückliche' Eriksson* und *Erik der Rote* (Erik Thorvaldsson). Natürlich wurde ich diesbezüglich nur in meiner ausgesprochen großen Fantasie fündig, denn weder der eine noch der andere hatten jemals Fuß auf dieses abgelegene Stück Land gesetzt. Aber ich stieß auf etwas völlig Unerwartetes. Auf unser Haus! Dort stand, dass unser Haus im Oktober 2021 den Besitzer (ursprünglich Rolf und jetzt wir) gewechselt hatte und wie viel wir dafür bezahlt haben. Die Fakten (und Zahlen) stimmten. Es war sogar ein überdimensionales, gestochen scharfes Foto vom Haus drin, so wie es damals ausgesehen hatte. Willkommen im Glashaus.

Ich sprach aber von schwedischen Paradoxa. Anfang Januar kamen unsere Kinder mit einem Brief vom Schulleiter in der Tasche nach Hause. Darin stand zu lesen, dass es den Kindern absolut verboten ist, Fotos von anderen Kindern oder deren Eltern zu machen und diese online auf Seiten wie Facebook, TikTok, Instagram oder Snapchat einzustellen. Gut. Das kann man verstehen. Es steht aber im Gegensatz zur allgemeinen Transparenz.

Ein weiteres Paradoxon stellt für mich die Tatsache dar, dass du unwahrscheinlich viel Geld in die Hand nehmen musst, wenn du zum Beispiel ein Haus bauen möchtest. Das wird sakrisch teuer. Auch die Stundenlöhne diverser Handwerker sowie Baumaterialien sind kaum zu bezahlen. Andererseits aber kannst du dir für einen Spottpreis ein fertiges Haus kaufen. In der Gegend, in der wir wohnen, zahlst du für ein gutes Auto weit mehr als für ein gutes Haus. Man bedenke!

No coffee, no workee – Vill du fika?

Jetzt kommen wir zu meiner Meisterdisziplin. Kaffee. No coffee. No workee. Vom Sinn her: *Wenn ich keinen Kaffee kriege, rühr ich keinen Finger.* Das ist von jeher schon mein Wahlspruch. Auch hier in Schweden. Nicht wenig sind die, die vor dem Schlafengehen noch eine Tasse Kaffee trinken. Ganz im Sinne: *Vill du fika?* Nein. Ich mache mich nicht lustig und werde einen Teufel tun, in irgendeiner Weise über die schwedische Sprache herzufallen. *Vill du fika* (wörtlich: Möchtest du Kaffee trinken?) ist nichts anderes als eine höfliche Aufforderung, ein Kaffeepäuschen unter Freunden oder Bekannten einzulegen. Meist wird der Kaffee von einer *Kanelbulle*, einer Zimtschnecke, begleitet. Wo wir uns erst dran gewöhnen mussten, war, dass Gebäck und Kuchen sehr süß, viel zu süß für unsere Geschmacksnerven sind. Wir arbeiten daran, um genau das zu verbessern! Was den Kaffeeverbrauch pro Kopf und pro Jahr angeht, so steht Schweden auf Platz drei oder vier, je nachdem welcher Tabelle man Glauben schenken möchte, also gleich hinter Finnland, Norwegen und Luxemburg.

Die *Fika*-Tradition hat in Schweden einen hohen gesellschaftlichen Stellenwert. Das konnte ich auf täglicher Basis in einem Café in der Nähe von Åsmon sehr gut beobachten. Punkt zehn Uhr morgens treffen sich dort einige schon in die Jahre gekommene schwedische Gentlemen zum Fika. Ich kenne sie alle. Bei Kaffee und *Fralla* (Brötchen), *Kanelbullar* (Zimtschnecke) oder *Smörgås* (Butterbrot, belegtes Brötchen oder gar Sandwich) plaudern sie vergnügt über ihre *Kommun*, über dies und das, über mich und über Politik. Vor allem wenn über Politik gesprochen wird, bemerke ich, wie die Stimmen merkwürdig leise werden. Ich meine, sie reden sowieso leiser als wir Deutschen, doch beim Thema Politik wird's buchstäblich windstill. So etwa, als müssten sie plötzlich die Worte sorgsam und mit Bedacht wählen und nur zögerlich und diskret nach außen tragen. Ungehörige Worte, die niemals jemand zu Ohren bekommen darf, weil sie Zeuge einer beginnenden Revolution sein könnten.

Kurz zurück zum Thema Sprache. Für mich, der im Augenblick nur ein leichtes Konversationslevel beherrscht, ist die schwedische Sprache ein Segen, muss ich doch nicht alles verstehen, was man so nach außen trägt. Oh, Entschuldigung, ich meinte natürlich, was die schwedischen Medien über die verrückte Welt da draußen so alles nach außen tragen. Vielleicht auch verzögere ich deshalb den Lehr- und Studienprozess ganz bewusst. So kann ich den Tag entspannt angehen, muss mir also nicht mehr ständig anhören, wie *kompetent* unsere Politiker und wie *menschlich* Kriege so sind, je nachdem, wer sie gerade führt. Ich muss nichts von jenen Menschen hören, die nicht denken, was sie sagen, und nicht sagen dürfen, was sie denken, und die genau das Gegenteil tun, wofür sie eingeschworen wurden. Ich muss nicht irgendwelchen Kriegshymnen oder Stellungnahmen einer völlig absurden *Kriegstüchtigkeit* lauschen, dieser zustimmen oder dieselbe verneinen. In Deutschland scheint man sich nur mit der Problematik eines nahenden Krieges auseinanderzusetzen, anstatt Frieden mit der Nation zu suchen, von der man uns einredet, sie wäre unser Feind. Zumindest kursiert, wenn es um diese Nation geht, nur zügelloser Hass auf Plattformen wie TV, Radio und Internet. Als noch schwedischer Analphabet habe ich hier wenigstens meine Ruhe davor. Dass es nur eine Scheinruhe ist, stört mich nicht. Im Gegenteil. Ich mache es mir leicht und sage mir: *Wenn ich etwas nicht verstehen will, schalte ich auf Dummie und verstehe gar nichts, bin plötzlich wie die drei Affen. Nichts sehen, nichts hören, nicht zu viel plappern. Außer auf YouTube, denn da muss ich ran an die Buletten. Job ist schließlich Job!*

Mensch und Hund

Klare Ansage: In Schweden ist ein Hund nur ein Hund und nicht etwa ein Kuscheltier, das mit am Tisch Platz nimmt oder gar im Bett herumtollt. Dennoch achtet man darauf, dass es dem Hund gut geht. Eine Hundesteuer gibt es nicht. Die wurde 1995 abgeschafft.

Meine wohl wichtigste Erfahrung, wie man in Schweden mit Hunden umgeht ober bitte schön gar nicht, machte ich noch in Åsmon. Es war Sommer und ich ging in den Garten zum Holzhacken. Ruby, die nicht gerne allein war, nahm ich mit. Damals war der Garten noch nicht umzäunt. Da Ruby aber sofort losrannte, wenn sie einen anderen Hund auch nur von Weitem sah, legte ich ihr das Brustgeschirr an, nahm ein langes Seil und band dieses an die große Kiefer vorm Haus. Ich arbeitete schnell. Schnell arbeiten und trotzdem versuchen gründlich zu sein, ist mein Ding, was nicht heißt, dass es mir immer gelingt (siehe Zaun). Dabei vergaß ich oft, dass ich bereits die sechzig überschritten hatte. Mein sportlicher Eifer stellte tatsächlich eine Gefahr für mich dar, denn die Grenze zwischen *Ich mache Sport* und *Ich mache mich gerade kaputt* verschwimmt bei mir total. Es gab Tage, da hörte ich mit der Arbeit erst auf, wenn sich der Schmerz einstellte. Da ich insgesamt aber sehr schmerzresistent bin: holla, die Waldfee!

Egal. Heute war Holzhacken dran. Es waren noch nicht mal zwanzig Minuten vergangen, da klingelte schon mein Telefon. Es war Babette. Mein schwedischer Nachbar hätte bei ihr angerufen und sich darüber beschwert, wie unmenschlich ich mit meinem Hund umgehe. Ich sah mich um, bereit, mit dem Nachbarn ein ernstes Wort vor allem darüber zu reden, wie man direkt und ohne über Dritte zu gehen kommuniziert, doch da war niemand. Die Message aber war klar. Hunde haben in Schweden einen Sonderstatus. Sie an eine Kette zu legen, ist ein absolutes No-Go.

Gehst du mit deinem Hund spazieren, wird die Hundekacke aufgelesen, basta! Also habt bitte immer diese Plastiktütchen dabei. Auch dann, wenn ihr im Wald unterwegs seid. Das begründen die Schweden damit, dass sich Tiere, die im Wald leben, vom Hundekot anstecken könnten. Sicherlich ist hier von Parasiten und allerlei Allergien die Rede. Hunde darf man zwar im Zwinger halten, aber der Zwinger muss bestimmte Voraussetzungen erfüllen. Beispiel: Ein großer Hund (Widerristhöhe sechzig Zentimeter) hat ein Recht auf einen Zwinger von achtzehn Quadratmetern Größe. Ein einzelner Hund wohlgemerkt. Im Zwinger sollte eine Hütte sein, in der er sich verkriechen kann. Und es muss ein Dach geben. Insofern es sich nicht um einen Jagd- oder Arbeitshund handelt, sollte der Zwinger außerdem einen direkten Zugang zum Haus haben. Das zumindest sagte mir ein Schwede. Im Netz konnte ich darüber jedoch nichts finden. An dieser Stelle aber gilt, erkundigt euch, denn die Schweden nehmen das Thema sehr ernst und Probleme wollen wir ja nicht.

Noch ein Wort zum Thema Hund. Hier oben in Nordschweden ist man gut damit beraten, den Hund immer an die Leine zu nehmen. In den meisten Kommunen ist das sogar Pflicht. Die Schweden sind da sehr eigen. Einmal hatte ich nicht aufgepasst, und schon war Ruby im Sprintmodus auf und davon. Ihr Ziel war ein kleiner schwarzbrauner Hund. Das Problem war, dass am Ende der Leine des süßen Vierbeiners eine doch etwas verängstigte Frau hing. Sie war mit Mann und Hund unterwegs. Ruby stürzte voller Elan auf den zunächst verdatterten Hund. Ich wurde Zeuge eines ungleichen Zweikampfs. Hätte der Mann nicht den exzellenten Reflex gehabt, meine Ruby am Gurtzeug zurückzuhalten, wer weiß, was dann noch alles passiert wäre. Es stellte sich heraus, dass die Besitzer des Hundes Deutsche waren. Höchst sympathische Deutsche, das sei so nebenbei erwähnt. Ich bin ihnen schon das eine oder andere Mal über den Weg gelaufen oder sie mir, wir grüßten uns stets respektvoll aus der Ferne und das war's dann auch schon. Manchmal, so dachte ich mir, muss man den Hund halt doch von der Leine nehmen, um Beziehungen zu knüpfen oder um miteinander ins Gespräch zu kommen. Nebenbei möchte ich bemerken, dass es ledigen Männern in Riad (Saudi-Arabien) genau aus diesem Grund (Moral) verboten ist, einen Hund zu besitzen. Oder noch, dass mein Hund es war, der im Jahr 2016 meine jetzige Frau eine Leinenlänge vor mir aufgestöbert hatte.

Helena meets Nature!

Helena, heute dreizehn Jahre alt, ist eine Perle. Sie ist eine dieser seltenen Juwelen, die nie über ein allzu großes Selbstbewusstsein klagen. Das änderte sich schlagartig, als wir in Schweden ankamen und ich eines Tages beschloss, sie mit rauszunehmen in die Natur. Binnen kurzer Zeit erfuhr sie eine wahre Transformation. Ich zeigte ihr, wie man schmutziges Wasser filtert, wie man ohne jegliche Hilfsmittel und nur mit Ästen, Zweigen und herumliegendem Holz einen winterfesten Shelter baut. Gemeinsam durchstreiften wir Wälder und Wiesen auf der Suche nach essbaren Pflanzen, Pilzen, Beeren. Und wir suchten den Chaga. Irgendwann reichte ihr das alles nicht mehr und so lehrte ich sie, wie man sich nur anhand der Sterne im Gelände orientieren konnte. Bald kannte sie das Geheimnis der Schattenspitz-Methode zum Ermitteln der Ost-West-Linie. Auch zeigte ich ihr, wie man Feuer macht. Wie man es von A nach B transportiert. Doch dabei blieb es nicht, wie ihr euch denken könnt. Wie packe ich einen Fluchtrucksack? Was muss rein? Wie bewege ich mich völlig diskret (wie ein Krieger auf der Flucht) in der Natur? Spureninterpretation. Doppelschritte ermitteln. Umgang mit Karte und Kompass. Überwinden eines Flusses oder Sees mit einem Ponchopaket oder einem selbst gebautem Floß. All das war bald schon kein Geheimnis mehr für unser Juwel namens Helena.

Da sie so geschickt mit all dem Wissen umging und ihr dabei immer der Sinn nach mehr stand, suchten wir einen würdigen Namen für sie. Unsere Entscheidung fiel auf *Helena meets Nature*. Helena trifft Natur! Und was soll ich sagen? Sie wollte tatsächlich mehr.

So sei es, dachte ich und nahm sie eines Tages mit zum nächsten Fluss, wo das Überqueren desselben mit einem Seil auf dem Programm stand.

Im Commando-Crawl-Stil fegte sie bald schon so geschwind über das 25 Meter lange Hanfseil, dass selbst mir angst und bange wurde. Sie war wie entfesselt. Bei drei oder vier dieser Outdoor- und Survival-Unternehmen hatte ich die Kamera dabei, hatte ich doch festgestellt, dass ihr jeder Auftritt vor der Kamera ein Stück mehr Selbstsicherheit und Selbstbewusstsein gab. Irgendwann begannen wir damit, kleine Übungen zu machen. Ich nahm sie des Nachts mit raus und stellte sie vor ein Problem, das es zu lösen galt.

- *Ermittle anhand des Stands der Sterne die verschiedenen Himmelsrichtungen.*
- *Laufe dann 450 Meter nach Nordnordwest, und zwar so lange, bis du an einem Fluss ankommst.*
- *Folge dem Fluss 350 Meter in östliche Richtung und ab dort (Stelle markiert mit einer Stange, deren Spitze mit Aluminiumpapier umwickelt ist) genau 200 Meter nach Süden.*
- *Dort findest du eine Holzhütte und einen Partisan, der dir Wasser und etwas zu essen gibt.*
- *Maximale Diskretion während all deiner Bewegungen, Zeitansatz: eine Stunde. Los!*

Helena hob den Kopf, stellte einige Berechnungen an, rannte los in die stockdunkle Nacht und machte ihr Ding. Und zwar ohne mit der Wimper zu zucken, ohne Zögern, völlig angstfrei. Der Partisan war natürlich ich und bei der Hütte gab es kein Wasser, sondern warme Milch mit Honig und ein Stück frisch gebackenen Karottenkuchen aus Dianas Küche. Und natürlich ein Vaterherz, das vor Stolz fast barst.

Helena hatte nicht nur die Himmelsrichtung sehr schnell anhand des Orionsternbildes ermittelt, sondern auch den Fluss und die Stange gefunden, sie hatte sogar die 200 Meter bis zur Hütte so präzise und diskret zurückgelegt, dass mir ihre Bewegungen fast entgangen waren, denn natürlich lag ich auf der Lauer. Ohne Fehler fand sie auch sofort die Hütte. Dazu möchte ich euch, liebe Leser, noch einmal die schwierigen Bedingungen dieser Übung vor Augen halten.

- *Es war dunkel wie im Arsch eines herumirrenden Steppenwolfs. Nicht eine einzige Lichtquelle am Horizont und in der Runde.*

- *Wege gab es keine und der Schnee reichte Helena bis an die Knie.*
- *Der Wald glich einem Dschungel aus umgefallenen Bäumen, Felsen, Ritzen, Löchern, kleinen Bächen, die quer auf ihrem Weg lagen, und allerlei anderen Hindernissen.*
- *Wir hatten zehn Grad minus.*

Aus der Erfahrung meiner langen Jahre beim Militär konnte ich ihre Leistung gut einschätzen. Und so behaupte ich mal frech, dass es irgendwo da draußen in den Städten viele gestandene Mannsbilder in den besten Jahren gibt, die, bei gleicher Aufgabestellung, ein Jahr später noch in den schwedischen Wäldern umherirren würden, um dort diese verdammte Hütte zu finden. Gott sei ihrer armen Seelen gnädig.

Eisfischen: der Versuch!

Um euch den größten Enthusiasmus gleich aus den Segeln zu nehmen: es blieb tatsächlich beim Versuch. Irgendwann zwischen den Zeiten bekam ich in Åsmon Besuch von einem Deutschen. Er war jung, sehr sympathisch, hatte viel erlebt, saß jetzt, wie am Ende einer langen Wegstrecke angekommen, auf meiner bordeauxfarben betuchten Couch und erzählte mir seine Geschichte. Es stellte sich heraus, dass Angeln seine große Leidenschaft war. Eine, die ich leider nicht mit ihm teilen konnte. Nichtsdestotrotz zogen wir eine Woche später los. Unser Ziel war der große Fluss. Gemeint ist ein Nebenfluss des Ångermanälven, nur einen Steinwurf entfernt. Draußen war es bitterkalt. Wir waren zu Fuß unterwegs. Auf meiner linken Schulter trug ich einen Eisbohrer, in der rechten Hand meine Angel und das restliche Zubehör. Unterwegs zum *pimpla (pimpelfiska* oder *Eisfischen)* sprach mein deutscher Kamerad von riesigen Barschen und Hechten, und davon, wie einfach es sei, einen von ihnen mit dieser kleinen Miniaturangel aus dem frisch gebohrten Eisloch heraus ins Freie zu befördern. Wissend, dass Erfolg meist Resultat harter Arbeit ist, war ich auf der Hut. Trotzdem steckte mich der mir vor einer Woche noch völlig Unbekannte mit seinem Jagdfieber an. Und so bohrte ich ein Loch nach dem anderen in eine Eisplatte, die grenzenlos schien, zumindest was ihre Dicke anging. Bereits beim ersten Loch nahm ich Maß. Hundertzehn Zentimeter. Pi mal Daumen also ein Meter. Nachdem ich gefühlt tausendmal meine etwa zwanzig Zentimeter lange Angel mit dem Köder in den Tiefen des Flusses versenkt und ohne Fisch am anderen Ende wieder nach oben gezogen hatte, war ich geläutert. *Pimpelfiske* war nicht nur anstrengend, man musste auch eine Heidengeduld haben und mit Fehlschlägen gut umgehen können. Ich war eher der Mann der Bewegung. Aktion hatte immer mein Leben bestimmt. Stundenlang am Loch sitzen, sich den Arsch abfrieren, dabei die Misserfolge zählen und auch noch Spaß daran zu empfinden, kam bei mir in die Schublade mit der Aufschrift: Mach das nie wieder!

Kurz bevor wir den Heimweg antraten – drei Stunden waren inzwischen vergangen, seitdem ich den Eisbohrer zum ersten Mal rotieren gelassen hatte –, hob ich meinen Blick und ließ ihn über den See gleiten. Der sah an dieser Stelle aus wie eine Mondlandschaft. Ich dachte an den Astronauten Neil Armstrong und zählte die Löcher. Es waren zweiundzwanzig.

Dass es auch anders ging, nicht erfolgreicher, aber eben kraftsparender, bewies mir wieder eine Woche später Pierre. Der schwedische Handwerker also, der uns eine neue Türe eingebaut und zusammen mit einem Kameraden später den Ausbau des Dachbodens vorgenommen hatte. Mit seinem Geländewagen fuhren wir eines Tages in einen Wald in der Nähe von Tängsta. Dort, in einer Art Waldsackgasse, standen bereits unzählige Geländewagen. Wir folgten einem langen gewundenen Pfad, der uns zu einem See auf einem Hochplateau führte. Auf ihm tummelten sich Hunderte von Eisfischern.

Etwas abseits gelegen stand ein großes Zelt. Davor brannte ein Feuer mit gelber Flamme. Zwei grimmig aussehende, bärtige Männer begrüßten uns herzlich. Sie trugen unsere Namen in eine Liste ein, überreichten uns für ein paar schwedische Kronen die *fiskekort* (Angelkarte) und es konnte losgehen.

Ich sah mich um, beobachtete, wie die Schweden fischten, wollte es genauso und nicht anders machen, denn hier roch es förmlich nach Erfolg, nach Saibling und Forelle. Angeblich hatten die Behörden einige Monate vorher genau in diesem See Tausende von ihnen im See ausgesetzt. Ich rieb mir erwartungsvoll die Hände, versetzte mich in einen Competition-Modus. Ein solcher jedoch schien den Schweden völlig unbekannt zu sein. Warum, so fragte ich mich, hatte ich nur den Eindruck, dass hier das gesellige Zusammenkommen und die Unterhaltung im Vordergrund stand? Die Leute hier lachten viel, sie grillten, tranken Kaffee und Tee und hatten einfach eine gute Zeit. Fast jeder von ihnen trug einen Eisdorn um den Hals, Trillerpfeife schien Pflicht. Ich hatte weder noch. Einige saßen gar in einem winzigen Zelt, das sie vor dem eisigen Nordwind schützte. Es waren auch sehr viele Kinder zu sehen.

Pierre suchte sich eine Stelle auf dem Eis, lief zum Nachbarn, den er offensichtlich kannte, und borgte sich einen elektrischen Eisbohrer. Es dauerte keine zehn Sekunden und das erste Loch war gebohrt. Ich steckte meine Leine samt Haken mit Köder ins Loch und sah mich derweil zögernd um. Beobachtete neugierig, wie es den anderen so erging. Gefühlt alle drei Minuten zog irgendjemand eine Forelle oder einen Saibling aus den Tiefen des Bergsees, was von den anderen unaufgeregt zur Kenntnis genommen wurde. Bei mir: nichts! Entweder war ich einfach zu dämlich oder das Glück war ganz einfach nicht beim Rendezvous.

> **Fakten:** Ganz im Gegensatz zu Deutschland benötigt man in Schweden keinen Angelschein. Was man sich aber unbedingt besorgen sollte, ist eine Angelkarte, eine *Fiskekort.* Angelkarten gibt's in fast jeder Tankstelle und auch in einigen Einzelhandelsgeschäften. Für eine Wochenkarte bezahlt man etwa 12 bis 15 Euro. Meist gelten diese Karten nur für einen bestimmten See oder für eine ganz bestimmte Region, in der es mehrere Seen und Flüsse gibt. An den fünf größten schwedischen Seen (Hjälmaren, Vättern, Storsjön, Vänern, Mälaren) sowie an der gesamten Ostseeküste ist das Angeln kostenlos. Du benötigst dort also weder Angelschein noch Angelkarte. Mir bleibt zu sagen: Petri Heil!

Bevor ich jetzt zu einem für mich besonders wertvollem Ritual komme, eine letzte Bemerkung noch zum Eisfischen. Mindestens einmal alle zwei Wochen geht die Klasse von Emmylou zum Eisfischen auf dem See direkt vor unsrem Haus. Ob sie tatsächlich etwas fangen, ist dabei Nebensache. Was zählt, ist die Begegnung mit den Elementen. Mit Kälte, Eis und Schnee. *So,* so sage ich mir jedes Mal, wenn ich sie beobachte, *fängt Survival (Überleben) an.* Die Kinder lernen etwas Praktisches. Wie bohre ich ein Loch in einen Meter dicke Eis?

Wie bekomme ich die ängstliche strampelnde Raupe auf den verdammten Angelhaken? Was tun, sollte tatsächlich ein Fisch beißen? Ein zweiter wichtiger Aspekt ist, dass die Kinder schon früh lernen, sich in Geduld zu üben. Sollte am Ende des Tages doch ein Fisch am Haken zappeln: Erfolgserlebnis pur! Nicht nur ich finde die praktisch orientierte Vorgehensweise der Schulen und Lehrer genial.

Meine Kiefer und ich

Wenn ich frühmorgens das Haus verlasse, laufe ich schnurstracks in den Wald. Wald ist hier überall. Meine Kiefer steht auf einer kleinen Lichtung. Der Ort kommt mir vor wie der Friedhof meiner Sorgen. Ich sage das deshalb, weil mir jedes Mal eine enorme Last von den Schultern fällt, wenn ich, die Kiefer fest im Blick und meist gut gelaunt, die Lichtung betrete. Die Stille schreit mich an. Nie zuvor war ich an einem Ort, an dem es so still war. Autos, Flugzeuge, Computer, Handys und hektisches Treiben, das alles gehört der Vergangenheit an. Es kommt mir vor, als gäbe es diese Dinge ausschließlich in einer anderen, vergessenen Welt, in einer antiken Episode meines Lebens. Ich fühle mich als einzigen Überlebenden einer Zivilisation, die längst zerstört und seit Urzeiten vom Erdboden verschwunden ist.

Ich trete näher, lege meine Handfläche auf die vom Morgentau feuchtkühle Rinde und schließe die Augen. Mit einem Schlag fühle ich mich der Erde nah, fühle mich ihr verbunden wie nie zuvor. Vor meinem inneren Auge sehe ich erdbraune Wurzeln. Ich kann sie riechen. Als hätte die Kiefer ein Herz, spüre ich ihre sanften Schläge und Vibrationen. Sie hat Adern und Venen. Meine Gedanken werden in eine Zeit zurückkatapultiert, in der Menschen noch sehen konnten. Ihre Blicke durchdringen mich. Wir sind eins. Ich bin angekommen, fühle mich frei. Nie hätte der totale Realist in mir geglaubt, dass es solche Gefühle gibt. Das Geheimnis ist, so glaube ich zumindest, dass ich gelernt habe mich fallen zu lassen. Mich voll hinzugeben. Blockaden zu überwinden. Es ist fast jeden Tag dasselbe. Ich lege die Hand an den Stamm der Kiefer, schließe die Augen und bin urplötzlich in dieser anderen Welt. An der Stelle, an der ich mein drittes Auge vermute, ist eine winzige

Sonne. Sie ist umgeben von einem roten Ring. Dorthin lenke ich meine ganze Aufmerksamkeit.

Ruby bellt, zerrt ungeduldig an der Leine. Es wird Zeit, den Heimweg anzutreten. Morgen komme ich wieder. Wie jeden Tag. Versprochen.

Escape – Die Flucht und warum sie für mich wichtig ist!

Im Sommer 2022 drehte ich die Serie *Escape*. Es war ein mäßiger Erfolg, wenn man sich ausschließlich auf die Aufrufzahlen fokussiert. *Escape* forderte einen dreitägigen Nonstop-Aufenthalt, inklusive zwei Nächte im Biwak, in den schwedischen Wäldern rund um Åsmon, insbesondere im Tal eines kleinen Nebenflusses des Ångermanälven. Die Geschichte ist einfach erklärt. Jemandem gelingt die Flucht aus dem Gefängnis. Er muss sich, eine Vielzahl von Verfolgern auf den Fersen, von Punkt A nach Punkt B durchschlagen, ohne dabei erwischt zu werden. Geholfen wird ihm anfänglich von einem Partisanen, der das Allernötigste zur Verfügung stellt, damit die Flucht auch Aussicht auf Erfolg hat.

Ich möchte nicht weiter auf den Inhalt von *Escape* eingehen, schaut es euch einfach auf YouTube an. Vielmehr ist es mein Anliegen, zu betonen, dass *Escape* für mich mehr war als nur ein paar Zahlen, ein paar lausige Klicks oder eben ein weiteres Outdoorunternehmen unter vielen. Ich sah darin die Bestätigung, angekommen zu sein. Noch nie in meinem Leben (meine Zeit in Französisch-Guyana und in der Savanne der Zentralafrikanischen Republik ausgenommen) hatte ich mich so frei gefühlt wie in diesen Tagen und Nächten allein im Wald. Drei Tage, in denen ich keiner Menschenseele begegnete. Zwei Nächte, in denen Angst vor Bären und pure Begeisterung für den Wald mich nur wenig schlafen ließen. Ich blicke zurück auf lange, sehr schnell durchgeführte Fußmärsche, während derer ich keinen je von Menschen benutzten Pfad, keinen Weg und keine Straße kreuzte. Das Ganze hätte auch auf dem Mars stattfinden können, so wunderbar allein fühlte ich mich. Es war ein großartiges Gefühl. Stirbst du hier, so dachte ich mehr als einmal, wird nie jemand etwas von dir finden. Doch. Ein einsamer Wolf deine in der Sonne verbleichten Knochen. Oder eben eine Handvoll erstaunter Archäologen zweihundert Jahre später!

Ist es richtig, dass ich mich allein fühlte, so stimmt es doch nicht, dass ich einsam war. Ich begegnete hier einem alten Elch, dort einem Vielfraß, von denen es hier nur eine kleine Handvoll gab, was diese einmalige Begegnung zu etwas ganz Besonderem machte. Mein Fazit nach diesem Outdoor-Einsatz war einfach. Voller Demut nahm ich zur Kenntnis, dass ich angekommen war. Angekommen in einer Welt, die einzigartig ist.

Auswandern nach Schweden – Wie das Plus das Minus jagt

Zusammenfassend hier alle Dinge, die von meiner Warte aus als positiv oder negativ zu bewerten sind. Wie bereits erklärt, beruhen meine Aussagen auf dem Leben im Süden Nordschwedens. Ich beginne mit den negativen Dingen.

Das Gesundheitssystem zählt nicht unbedingt zu den besten Europas

Man sollte gesund leben und Krankheiten tunlichst aus dem Weg gehen. Die Kompetenz der Ärzte steht nicht zur Debatte, sie ist allgemein sehr gut. Die Rede ist hier eher von langen Wartezeiten, um vom Allgemeinarzt zum Spezialisten zu kommen oder um Termine für gewisse OPs zu ergattern. Die Zuzahlungen bei Doktoren, Krankenhausbesuchen, Optikern, Orthopäden und Co sind gesalzen. Da wir alle irgendwann mal krank werden, sollten Schwedenauswanderer diese Aspekte auf dem Schirm haben. Da wir von Natur aus eher positiv eingestellt sind, sagen wir uns Folgendes: Wenn dir das Leben Zitronen gibt, mach Limonade draus. Wir drehen den Spieß also um und denken jeden Tag daran, so gesund wie nur möglich zu leben. Das geht über viel Lachen, gute gesunde Ernährung, viel Bewegung und positives Denken, ganz nach dem Motto: Gefahr erkannt, Gefahr gebannt. Insofern sind wir dem schwedischen Gesundheitssystem dankbar, denn es haucht uns Ehrfurcht und eine neue Art Demut vor Geist und Körper ein. Und es drängt uns dazu, eine bessere Lebensphilosophie an den Tag zu legen.

Der nächste Kritikpunkt ist von Diana. Im Umkreis von 250 Kilometern haben wir nur zwei Osteopathen und leider keinen einzigen

Heilpraktiker finden können. Ich selbst hielt Osteopathen, ich gestehe, immer für Spinner und Abzocker, vor allem nach meinem ersten Termin bei einem angeblich guten Mann. Der Besuch war ein Reinfall. Der Typ hatte außer einer großen Klappe nichts drauf. Daher meine generalisierte Einstellung. Doch dann erzählte mir Diana von einem Osteopathen, der so ganz anders sein sollte. Ich hatte gerade eine Schulter-OP hinter mir und wahnsinnige Schmerzen. Ich ließ mich also dazu überreden, diesen Wunderknaben aufzusuchen. Als ich seine Praxis eine Stunde später wieder verließ, war ich ein neuer, schmerzfreier Mensch. Seither haben Osteopathen bei mir einen Stein im Brett. Das Gleiche gilt für Heilpraktiker. Schade, dass es hier kaum welche gibt. Die Schweden gehen nicht zum Osteopathen oder gar zum Heilpraktiker. Sie gehen zum Arzt, Punkt! Ich persönlich bin davon überzeugt, dass Homöopathie bei bestimmten Leiden helfen kann. Einen Schweden kannst du davon kaum überzeugen. Der zeigt dir höchstens den Vogel.

Arbeits-Mentalität – Sommerstarre

Die schwedische Entscheidungsfindung dauert. Sie dauert lange! Anfangs trieb mich diese Art Trägheit schier in den Wahnsinn. Vieles scheint saisonbedingt. Im *vårvinter* zum Beispiel kommt der administrative Apparat schnell und mit Macht aus dem Winterschlaf ins Rollen, stößt aber spätestens im Sommer, wenn die Ferien beginnen, auf ein großes Hindernis. Das ist die schwedische Hingabe zur absoluten Harmonie. *Take it easy*, Eile mit Weile. Entscheidungsprozesse, ob in Firmen oder Ämtern (Genehmigungen, Zusagen, Absagen), dauern halt. Zumindest so lange, wie es braucht, als definitiv gut und richtig oder eben als falsch verabschiedet zu werden. Die Menschen in Schweden folgen einem Rhythmus, der älter ist als sie selbst. Das ist gut so. Zugereiste müssen das akzeptieren, so einfach ist das.

Wir haben im Augenblick mehrere Anträge bei verschiedenen Ämtern am Laufen (*Försäkringskassan* und *Skatteverket*). Einen gar seit einem Jahr. Deswegen rennen wir jeden Tag umsonst zum Briefkasten und kehren etwas enttäuscht wieder ins Haus zurück. Man sollte dranbleiben, darf aber nicht den Fehler machen, allzu oft nachzufragen, so viel haben wir schon gelernt. Was lehrt uns das im Umkehrschluss? Wir alle sind gelassener geworden. Wir sind die Ruhe selbst. Nichts kann so wichtig sein, dass die Angst einem dafür Löcher in den Bauch frisst.

Freizeitinfrastruktur

Fehlanzeige fast auf ganzer Linie. Es fehlen Indoorspielplätze, Kinos, gute Restaurants, Diskotheken, Theater, Einrichtungen also, die wir von der *Zivilisation* her gewohnt sind. Man könnte jetzt den Hammer herausholen und sagen, es fehle das Soziale. Diese Aussage wäre aber falsch. Kinder, die hier geboren sind, die vermissen keine Freizeitparks. Sie gehen am Wochenende angeln oder mit Papa zelten. Sie fahren Quad oder Schneemobil. Sind es Eigenbrötler, lesen sie Bücher oder gehen auf zugefrorenen Seen spazieren. Das ist eine andere Art Freizeit, und nicht eben die schlechtere Variante.

Was auch fehlt, sind diese großen Einkaufszentren, Stil Shopping-Mall. Wenn eure Sie also etwas *etepetete* (Snob) ist und auf Shoppen großen Wert legt, siedelt euch lieber in Stockholm, Malmö oder Göteborg an. Dort werdet ihr mit Sicherheit fündig. Nur mal so als Anhalt: Die nächste Shopping-Mall oder das nächste wirklich große Einkaufszentrum ist 250 Kilometer von unsrem Zuhause entfernt.

Apropos Einkaufen, Shoppen, Supermärkte. Ich war erst gestern wieder bei Willys in Östersund. Zur Erinnerung, Willys ist einer der größeren Supermärkte, in etwa vergleichbar mit Kaufland oder Real, nur dass Willys eben nur Supermarkt und nicht Einkaufszentrum ist. Wieder einmal fielen mir drei Dinge sehr positiv auf:

1. **Es gibt einen großen unterirdischen Parkplatz (Parkhaus), doch der ist frei. Parken kostet nichts.**
2. **Alle Caddies (Einkaufswägen) stehen frei zur Verfügung. Man muss also nicht irgendwo eine Münze in der Hosentasche bei sich tragen, denn die Dinger sind nicht angekettet.**
3. **Kein Gedränge, keine Hektik. Kein Stress!**

Wenn wir schon mal dabei sind, hier findet ihr die zehn größten Einkaufszentren in Schweden:

1. **Nordby Shoppingcenter, Strömstad, Västra Götaland.**
2. **Westfield Mall Of Scandinavia, Solna, Stockholm.**
3. **Nordstans Affärscentrum, Göteborg, Västra Götaland.**
4. **Täby Centrum, Stockholm.**
5. **Sickla Köpkvarter, Stockholm.**
6. **Asecs, Jönköping.**
7. **Frölunda Torg, Göteborg, Västra Götaland.**
8. **Bäckebol Center, Göteborg, Västra Götaland.**
9. **Emporia, Malmö, Skåne.**
10. **Charlottenbergs Shoppingcenter, Värmland.**[7]

Man bemerke, keines davon liegt in Nordschweden. Natürlich gibt es Hoffnung. Im März 2024 zum Beispiel fuhr ich nach Östersund zum Flughafen. Diana kam gerade von Deutschland zurück und wollte abgeholt werden. Östersund (historische Provinz Jämtland) ist eine schöne, von Seen und Flüssen umzingelte Stadt mit knapp 50.000 Einwohnern und liegt von uns aus gesehen 250 Kilometer Richtung Wohlstand und Normalität. Fährst du durch die Außenbezirke hindurch hinunter in den Ort, das Stadtzentrum nicht auslassend, über die große Brücke, die den Storsjön (großer See) überquert, und dann weiter Richtung Fröson (Flughafen), tauchst du in eine völlig andere Welt ein. Sicherlich überkommt dich ein Gefühl der Freude, denn hier findest du all das, was du möglicherweise hoch oben im Norden vermisst. Es liegt an dir, der du in der relativen Einsamkeit lebst, einen Spagat zu finden zwischen eben der absoluten Ruhe, dem Fehlen jeglicher Moderne, der Abwesenheit opportuner kulinarischer Abenteuer auf der einen, und eben einer Fülle von Angeboten diesbezüglich auf der anderen Seite. Wer Menschennähe und Freizeitspaß partout nicht missen kann oder möchte, sollte sein zukünftiges Domizil so wählen, dass es in der Nähe solcher nicht allzu großen, aber auch nicht zu kleinen Städte wie Östersund liegt. Das wäre eine klare Win-win-Strategie.

Kurz zur Reise von Diana nach Deutschland. Einmal zurück war das Erste, was sie mir erzählte, Folgendes. Vier- oder fünfmal war sie mit

7 https://www.schwedentipps.se/schwedens-groesste-einkaufszentren/

Freunden und Bekannten in diversen Restaurants zum Essen. Was ihr auffiel, war, dass alle (alle!) bereits fertiggegessen hatten, während sie selbst noch nicht mal bei der Hälfte angekommen war. Die Leute merken nicht, wie der Stress sie in seinen widerlichen Klauen hält. Schweden sei Dank, haben wir diesen Stress abgelegt.

Ich selbst musste eine ähnliche Erfahrung machen. Ein Jahr zuvor war ich in Flensburg. Mitten in der Stadt fuhr ich auf eine Ampel zu, die gerade auf Rot schaltete. Sie war noch nicht mal zwei Sekunden grün, da hörte ich hinter mir schon ein Hupkonzert. Den Deutschen fehlt, was die Schweden stolz ihr Eigen nennen. Eine gesunde Portion Gelassenheit und die innere Ruhe.

Gehst du in Nordschweden am Straßenrand spazieren und dir kommt ein Auto entgegen, steuert es immer nach links Richtung Straßenmitte und fährt dann in gebührlichem Abstand und mit stark verringertem Tempo an dir vorbei. Hingegen habe ich es in Deutschland oft selbst erleben müssen, dass die Autos voller Karacho an mir vorbeibrausten, so nahe gleich, dass ich den Windhauch spürte und das Gefährt mich fast knutschte, als seien wir ein Liebespaar, im ewigen Liebestaumel vereint.

Winterliche Kälte und Dunkelheit

Das sind Faktoren, die aufs Gemüt gehen können. Dagegen muss man sich wappnen, schauen, wie man damit zurechtkommt. Die Bauweise der Häuser ist einfach. Holz ist die Hauptbaukomponente. Viele Häuser haben keinen Keller. Es kostet viel Energie, die Buden im Winter warm zu halten; es ist ein regelrechter Kampf. Ist man bei Minustemperaturen im zweistelligen Bereich mit dem Auto unterwegs, ist immer höchste Vorsicht geboten. Immer im Hinterkopf einen Gedanken haben, der da heißt: Was, wenn ich einen Unfall habe, der Motor nicht mehr läuft, ich in einem Funkloch bin und höchstens alle sechs Stunden sich jemand hierher verirrt? Kinder dürfen angesichts dieser Kälte nie ohne Aufsicht ins Freie.

Wer zu Depressionen neigt, sollte nicht hierherkommen, sondern doch nach Thailand auswandern. Wobei ich mir immer sage, wer

Depressionen hat und für ein paar Tage allein im Wald verschwindet, dem ist (falls er wieder zurückkommt und nicht von einem Bären gefressen wird) geholfen.

Wir sind bereits den dritten Winter hier, machen aus dieser Kälte einen Vorteil. Die Familie sieht sich öfter. Die Gespräche gehen in die Tiefe. Wir lernen uns jeden Tag neu kennen.

NATO-Beitritt Schwedens

Dass Schweden der NATO beigetreten ist, kam sogar für mich überraschend. Ich denke nicht, dass sich die Schweden damit einen Gefallen getan haben. Die Neutralität stand dem Land gut zu Gesicht, nun muss es sich anpassen, nach den Pfeifen anderer tanzen.

Hohe Abgaben. Steuern

Das schreckt so manchen ab, nach Schweden auszuwandern. Doch wie eingangs bereits erwähnt, nehmen wir dieses kleinere Übel gerne in Kauf, bewegen wir uns doch hier in einem gemeinsamen kulturellen Spektrum. Meine Reisen nach Afrika, Thailand und Südamerika zeigten mir immer zwei Gesichter dieser anderen Kulturen. Das Gute wie auch das Böse. Und ich sage euch, das Böse wollt ihr vor allem dann nicht, wenn dort die Hölle losbricht, und das kann erfahrungsgemäß jeden Tag der Fall sein!

Kommen wir nun zu den positiven Punkten, aber eins vorweg: Es ist in dem Buch von nur knapp 180 Seiten kein Platz, alles, was wir schön und gut finden, niederzuschreiben. Deshalb beschränke ich mich auf das Essenzielle. Und das ist die Natur. Das saubere Wasser. Die reine Luft und das Gefühl, angekommen zu sein. Ich persönlich fühle mich frei. Das mag daran liegen, dass ich mich durch harte Arbeit finanziell so aufgestellt habe, dass meine Kinder nicht hungern müssen. Sie müssen auch nicht rumlaufen wie ich, als ich ihr Alter hatte. Mit Flicken an den Hosen, Löchern in Socken und Schuhen, die Sachen vom großen Bruder tragend, der aus den Klamotten rausgewachsen war. Dem könnte man entgegenhalten, dass ich dasselbe Ergebnis auch in Deutschland hätte erzielen können.

Nein! Hätte ich nicht!

In Deutschland steht nicht diese hundert Jahre alte Kiefer, die mir Kraft, Mut und Segen spendet. Dort, im Land der Dichter und Denker, war die Reizüberflutung für mich so brutal, dass ich gar nicht mehr abschalten und runterkommen konnte. Lieber lebe ich hier in der relativen gesellschaftlichen Anonymität und der geografischen Isolation als in einer Gesellschaft, die nicht den Mut hat, Denunzianten zu denunzieren und Missstände offen anzuprangern. Ich möchte auch nicht, dass man meine Kinder impft. Egal, gegen was. Meine Kinder lernen hier Schwedisch und Englisch (teilweise von mir noch Französisch), und das bereits im Kindergarten. In ein paar Jahren lasse ich sie dreisprachig auf die Welt los. Sollen sie sich mit diesem Wissen ihren Horizont stetig erweitern, ohne dabei von völlig unwichtigen Dingen abgelenkt zu werden. Irgendwann, davon bin ich überzeugt, werden sie ausfliegen. Sie werden ihre Welt erobern, ob in Stockholm, Berlin oder Paris. Doch sie werden sich immer an die wohlbehütete Zeit hier oben im hohen Norden Schwedens erinnern. Und sie werden, davon bin ich felsenfest überzeugt, gerne hierher zurückkehren. Ganz sicher dann mit ihren Kindern, zu denen sie sagen werden: *Schau, dieser Flecken Erde hat mir Selbstvertrauen geschenkt, mich geerdet, mir starke Flügel wachsen lassen!*

Im Augenblick bin ich dabei, eine private *aktiebolag* (kurz AB) zu gründen. Diese ähnelt ein wenig der deutschen GmbH. Ich mache also einen Schritt mehr in Richtung Unabhängigkeit. Ob daraus eine Erfolgsgeschichte wird, steht zu dem Zeitpunkt, an dem ich diese Zeilen schreibe, noch nicht fest. Doch ich glaube dran, und ihr wisst ja: Glaube versetzt Berge oder *no risk, no fun*!

Unser aller Fazit: Im Norden Schwedens lässt es sich gut leben. Die Alten haben ihre Ruhe, die Jungen finden starke Wurzeln. Wer aus Deutschland kommend einwandern möchte, sollte das tun, wenn er noch nicht zu alt ist. Noch nicht zu alt, damit meine ich, dass bei vierzig oder fünfundvierzig schon langsam Schluss sein sollte. In dem Alter kann man noch voll durchstarten und was reißen. Bevor es losgeht, sichert euch den Rückhalt und die Zustimmung aller Familienmitglieder. Jeder sollte sein grünes Licht für die Reise ins Unbekannte geben. Frag dich aber immer zuerst selbst, warum du wegwillst. Was ist der Grund? Was gibt es in der finalen Destination, was du oder ihr in Deutschland vermisst? Sei dir vor allem darüber im Klaren, dass eure Probleme euch überall hin folgen, sogar in die Eishölle unterhalb des nördlichen Polarkreises. Löst sie auf, bevor ihr eure Koffer packt.

Habt bitte auf eurem Konto so viel Geld, dass ihr damit zunächst mindestens ein ganzes Jahr über die Runden kommt, und arbeitet darauf hin, mehrere voneinander unabhängige Einkommensquellen zu generieren. Seht bitte das Leben hier nicht als ein Leben im Exil, sondern vielmehr als eine Möglichkeit. Als eine neue, andere, vielleicht großartige Möglichkeit in einer euch neuen, anderen Welt. Vielleicht auch als Sprungbrett in eine weiter entfernte Zukunft, deren geografischen Ausrichtung oder Schwerpunkt dir noch gar nicht bekannt ist, so ganz nach dem Leitspruch *Der Weg ist das Ziel*! Lasst die Tür zurück nach Deutschland zwar immer einen Spalt weit offen, aber unternehmt euer Abenteuer mit einem nach vorne orientierten Esprit. Wenn nach einem Jahr Präsenz die Puzzleteile nicht zusammenfinden, beharrt nicht stoisch auf eure Entscheidung, sondern habt auch den Mut, zu bekennen, euch getäuscht zu haben. Niemand wird euch dafür auslachen oder schräg anschauen. Wenn doch, sollte es euch egal sein. Es ist euer Leben und auf eurem Grabstein sollte nicht stehen *Ich lebte das Leben der anderen.*

ENDE

Ein weiteres Survival-Buch von Thomas Gast

Krisen, Kriege und Blackouts – wir leben derzeit in turbulenten Zeiten. Der Ex-Fremdenlegionär und einer der bekanntesten Survival-Experten Deutschlands weiß genau, worauf es in Situationen wie diesen ankommt. Er selbst durchlebte schon viele Notsituationen in Krisenregionen rund um den Globus. Sein Fachwissen kann überlebensnotwendig sein. Seine Bücher zum Thema Survival erfreuten und halfen bereits Tausenden von Lesern und auf YouTube begeistert Thomas Gast Zehntausende Zuschauer mit seinen Videos. Deshalb sollten Sie sich für dieses Buch entscheiden:

- Perfekte Blackout-Vorbereitung
- Prepping Guide: Wie Sie für jede Situation gewappnet sind
- Praxisnah: Alle Tipps und Ratschläge lassen sich mit einfachen Hausmitteln perfekt in der Praxis anwenden.

Ein weiteres Survival-Buch von Thomas Gast

In diesem Werk teilt Thomas Gast seine unbezahlbare Expertise aus 17 Jahren in der Fremdenlegion und versorgt sie mit umfassenden Informationen sowie bewährten Methoden und Techniken, sodass Sie wirklich in jeder Survival-Situation bestens vorbereitet sind. Überlassen Sie also nichts dem Zufalls und werden auch Sie zum Survival-Experten!

Dieses Buch enthält unter anderem:

- Die wichtigsten Grundlagen und Informationen für den Survival-Notfall
- Ausführliche Schritt-für-Schritt-Anleitungen praxiserprobter Überlebensmethoden und -techniken
- Die umfangreiche Expertise des renommierten Survival-Experten Thomas Gast
- Die erforderlichen Kenntnisse und Fähigkeiten, über die jeder Mensch in einer solch turbulenten Zeit verfügen sollte
- Zahlreiche weitere hilfreiche Tipps, Tricks und wertvolles Hintergrundwissen für den Ernstfall

Ein weiteres Buch von Thomas Gast

„Kongo Fieber – Legion Etrangere. Ein Einsatzbericht von Thomas Gast" gleicht einer atemberaubenden Reise in die dunkelsten Ecken der Geschichte. Mit unverblümter Offenheit schildert Thomas Gast seine hautnahen Erfahrungen als ehemaliger Elite-Fallschirmjäger. Dieser packende Bericht basiert auf wahren Begebenheiten und gewährt einen schonungslosen Blick hinter die Kulissen eines lebensgefährlichen Einsatzes.

Erleben Sie hautnah die Schrecken des Krieges aus der Sicht eines Soldaten im Jahr 1978, als der Kongo von der Shaba-Invasion erschüttert wurde. Inmitten des Guerillakrieges im Süden der heutigen Demokratischen Republik Kongo stehen die Interessen des Westens und der Ostblock-Staaten in Zentralafrika auf dem Spiel. Inmitten dieses geopolitischen Konflikts finden wir uns an der Seite unseres Protagonisten wieder, der in einem Strudel aus Gefahr und Unsicherheit gefangen ist.

Ein weiteres Survival-Buch von Thomas Gast

Entdecken Sie die wegweisenden Prinzipien der mentalen Stärke. Tauchen Sie ein in eine Welt der inneren Resilienz und erfahren Sie, wie Sie Hindernisse überwinden und Ihre Willenskraft stärken können.

In diesem praxisorientierten Ratgeber begleitet Sie der erfahrene Autor Thomas Gast auf einer Reise zur mentalen Klarheit und Charakterentwicklung. Mit umfassendem Fachwissen und fundierter Unterstützung zeigt er Ihnen, wie Sie Herausforderungen meistern, Ängste bewältigen und Ihre innere Stärke zum Vorschein bringen.

Lernen Sie bewährte Methoden und Strategien kennen, um Ihre Disziplin zu festigen und eine robuste Willenskraft aufzubauen. Schritt für Schritt werden Sie lernen, wie Sie Ihre Ängste überwinden und einen starken Charakter entwickeln.

Bibliografische Information der Deutschen Nationalbibliothek.

Die Deutsche Nationalbibliothek verzeichnet diese Publikation in der Deutschen Nationalbibliografie; detaillierte bibliografische Daten sind im Internet über http://dnb.dnb.de abrufbar.

Für Fragen und Anregungen:
info@eulogiaverlag.de

ISBN Softcover: 978-3-96967-445-1
ISBN E-Book: 978-3-96967-446-8

Originale Erstausgabe 2024

Eulogia Verlags GmbH
Gerhofstraße 1–3
20354 Hamburg

Lektorat: Sandra Pichler
Satz und Layout: Tomasz Dębowski
Covergestaltung: Aleksandar Petrović

Liebe Leserin, lieber Leser,

hat Ihnen dieses Buch gefallen?
Ihr Feedback, Ihre Anregungen und Ihre Kritik bedeuten uns viel, denn sie helfen uns, unsere Bücher kontinuierlich zu verbessern.

Die Meinung und Zufriedenheit unserer geschätzten Leserinnen und Leser stehen im Mittelpunkt unseres Schaffens. Ihre Gedanken sind uns wichtig.

Zögern Sie daher nicht, uns zu kontaktieren und Ihre Gedanken mit uns zu teilen. Senden Sie uns einfach eine E-Mail an:
feedback@eulogiaverlag.de

Besuchen Sie auch gern unsere Verlagsseite und entdecken Sie weitere spannende Bücher unter:
www.eulogiaverlag.de

Wir sind gespannt auf Ihre Nachricht und freuen uns darauf, von Ihnen zu hören!

Herzlichst
Ihr **Eulogia Verlag**